LINGUAGEM
CORPORAL PARA
MULHERES

Dados Internacionais de Catalogação na Publicação (CIP)
(Câmara Brasileira do Livro, SP, Brasil)

Topf, Cornelia
Linguagem corporal para mulheres : apresentação
segura e autoconfiante / Cornelia Topf ;
tradução de Fernanda Romero Fernandes Engel. –
Petrópolis, RJ : Vozes, 2015.

Título original: Körpersprache für Frauen :
sicher und selbstbewusst auftreten
Bibliografia
ISBN 978-85-326-4945-4

1. Comunicação não verbal 2. Linguagem corporal
3. Mulheres 4. Relações interpessoais I. Título.

14-13204   CDD-153.69

Índices para catálogo sistemático:

1. Linguagem corporal : Técnicas para aprimorar
   relacionamentos pessoais e profissionais :
   Psicologia   153.69

CORNELIA TOPF

LINGUAGEM
CORPORAL PARA
MULHERES

Apresentação segura e autoconfiante

Tradução de Fernanda Romero Fernandes Engel

VOZES

© 2012, 4ª edição de Redline Verlag, um selo de Muenchner Verlagsgruppe GmbH, Munique, Alemanha

Título original alemão: *Körpersprache für Frauen*, by Cornelia Topf

Direitos de publicação em língua portuguesa:
2015, Editora Vozes Ltda.
Rua Frei Luís, 100
25689-900 Petrópolis, RJ
www.vozes.com.br
Brasil

Diretor editorial
Frei Antônio Moser

Editores
Aline dos Santos Carneiro
José Maria da Silva
Lídio Peretti
Marilac Loraine Oleniki

Secretário executivo
João Batista Kreuch

Editoração: Maria da Conceição B. de Sousa
Diagramação: Sheilandre Desenv. Gráfico
Capa: Ygor Moretti
Ilustração de capa: © Tyler Olson | Shutterstock

ISBN 978-85-326-4945-4 (edição brasileira)
ISBN 978-3-636-01594-5 (edição alemã)

Editado conforme o novo acordo ortográfico.

Este livro foi composto e impresso pela Editora Vozes Ltda.

Agradecimentos

Este livro baseia-se nas múltiplas visões, ideias e reflexões que as pessoas do meu círculo de convivência dividem comigo. Geralmente agradáveis, mas muitas vezes também (involuntariamente) estranhas ou constrangedoras, elas revelam muito sobre suas personalidades – às vezes mais do que convém, frequentemente mais do que queremos expor, e algumas vezes também mais do que eu gostaria de saber sobre os outros.

Agradeço às muitas pessoas que, principalmente com sua linguagem corporal, e, em geral, com sua imagem, incentivaram-me a escrever este livro.

Agradeço aos muitos participantes dos meus seminários, *workshops*, palestras e *coachings*, que me contaram suas experiências – bem ou malsucedidas –, cujo sucesso comemoramos e de cujo fracasso rimos juntos. Para seus impasses nós encontramos saídas, e a partir dos seus temas e áreas de aprendizado demos vida a novas ideias de soluções, treinando novas possibilidades de reação, formas de expressão e comportamentos.

Gostaria de agradecer a Karin Bauer, Margot Bauer, Lydia Litschel e Franz Miller por sua disposição e paciência para posarem como modelos; a Klaus Harzenetter e Hanna Topf por seu apoio para a execução fotográfica e a Elke Patricia Hartmann pela leitura e revisão.

Cornelia Topf

Sumário

Legenda

Para que o seu trabalho com este livro seja o mais fácil e eficiente possível, identificamos passagens importantes do texto com os seguintes símbolos:

! Atenção, importante

✔ Tarefa, exercício

✘ Algo que deve ser evitado a qualquer custo

● Exemplo

» Dica

Prefácio à edição revisada

Qual é o seu efeito sobre as outras pessoas no ambiente de trabalho? O que seus ou suas colegas, funcionários(as), clientes e superiores pensam de você? Quão confiante é a sua presença em reuniões, negociações, diálogos com clientes, apresentações e discussões de salário? A maneira como se apresenta fala a seu favor ou contra você?

Acho maravilhoso que tantas mulheres – e cada vez mais – sempre se façam essas e outras perguntas semelhantes. O tema da linguagem corporal é de grande atualidade e alta relevância para as mulheres, especialmente no contexto de como se impor, da carreira e do sucesso.

E mesmo que nos entrementes as mulheres tenham majoritariamente se tornado melhor qualificadas que os homens – no sentido de terem adquirido formação melhor e de nível mais alto –, em muitas áreas elas ainda não conquistaram real equiparação. Apesar de sua qualificação e de seu desempenho excelentes, elas ainda recebem menos reconhecimento, menos oportunidades de crescimento e menores salários que os homens[1]. Um dos motivos para isso é a presença que assumem. Muitas leitoras das edições anteriores me relataram pessoalmente, por telefone, por

---

1. (*Gehaltsverhandlungen für freche Frauen* [Negociações de salário para mulheres ousadas]. Redline Verlag).

e-mail e também por carta (sim, isso ainda existe!) que, durante a leitura, fizeram novas descobertas sobre sua presença no ambiente de trabalho, que muitas vezes as prejudica. Muitas compreenderam pela primeira vez "como os homens conseguem crescer não por seu desempenho, mas pela forma como se mostram". Muitas leitoras ficaram surpresas e contentes com "como é possível conquistar reconhecimento e respeito de forma rápida e simples, bastando mudar um pouco a maneira como me apresento".

Justamente porque tantas mulheres manifestaram-se com suas anedotas, vivências e mudanças de sucesso, minha equipe e eu revisamos esta edição que você tem em mãos. Agradeço por isso às muitas leitoras que contribuíram com seus relatos e experiências de aprendizado. Para mim é mais uma vez uma alegria e uma satisfação pessoal poder ajudar outras pessoas a se tornarem mais bem-sucedidas no trabalho e mais satisfeitas com sua vida. As mulheres só precisam saber como se faz – e assim a sorte geralmente vem por si só.

Saber que o sucesso profissional não decorre principalmente da competência e do desempenho, mas depende de uma presença autoconfiante e da descoberta sobre a afetação imponente dos homens, é algo que nitidamente faz avançar na vida profissional. Para tal, não é preciso ser atriz nem primeira-dama: uma presença autoconfiante é algo que qualquer mulher é capaz de aprender de forma relativamente rápida. Quase tão rápido quanto ler este livro.

Desejo muita satisfação e sucesso com uma presença mais autoconfiante!

São os votos de

Cornelia Topf

Prefácio

Quando uma mulher e um homem candidatam-se a um emprego, quem ganha a disputa? Quem ganha mais dinheiro pelo mesmo trabalho? Quem colhe mais reconhecimento pelo mesmo desempenho? Quem impõe suas ideias com mais frequência em reuniões e discussões de projetos? Quem se deixa ser oprimido menos frequentemente? Isso mesmo: os homens – ao menos na média estatística. Qual seria a razão?

É incontestável que em muitos ramos e profissões as mulheres têm melhor formação, melhores notas e maior competência técnica, social e de liderança. Mas quem é preferido, reconhecido e promovido? Correto. As propostas de quem são ouvidas com mais frequência pelos "lá de cima"? Isso mesmo. As mulheres são inteligentes e competentes – mas de que isso lhes serve? Aparentemente, não é suficiente. A maioria delas ainda não está onde deveria – onde gostaria de estar. Em todas as profissões de liderança elas ainda são claramente sub-representadas. No cotidiano profissional elas muitas vezes ainda levam a pior, e não recebem o reconhecimento por seu desempenho que há muito tempo merecem. Qual seria a razão?

A resposta é tão óbvia que por anos a ignoramos: boas notas, inteligência e competência de fato são pressupostos, mas claramente não são decisivos para o reconhecimento e o progresso profissionais e sociais. Para formular de forma bem direta: o desempenho não é automaticamente recompensado. Não são os melhores que vão mais longe. E por que não? A resposta é, literalmente, visível. Só precisamos abrir os olhos para identificá-la.

Observe as duas pessoas na Imagem 1 e imagine que você é o diretor de uma empresa que precisa preencher uma vaga de

Imagem 1: Quem você promoveria? Quem parece mais seguro e competente?

novo gerente para uma filial. Quem você promoveria? O que assusta nessa foto é: nem mesmo a maioria das mulheres para quem ela é mostrada não promoveriam a mulher. Imagine que cada um deles faça uma proposta. Tratando-se de dinheiro, em qual deles você acreditaria mais? Quem você tenderia a interromper quando não concordasse? Quem você acha mais capaz de se impor? A esse respeito as respostas também são inequívocas. Por quê? É evidente: porque a mulher não é competente!

Por que não? Porque ela não é competente? Não – porque ela não parece competente. O rapaz simplesmente parece mais competente, mais firme, mais confiável. E essa impressão (infelizmente) é decisiva.

Mulheres tendem a parecer	Homens tendem a parecer
simpáticas, gentis	competentes, firmes
afáveis demais para os negócios	duros e agressivos
hesitantes, obedientes	enérgicos e até dominadores
submissas	arrogantes

Ou simplificando ainda mais: mulheres se encolhem, homens se estufam! E essa impressão determina o que eles recebem. A linguagem corporal das mulheres diz: "Por favor não me note, ou simplesmente me ache simpática!" A linguagem corporal dos homens diz: "sou importante!" É claro que esse efeito da linguagem corporal pode ser considerado idiota, injusto e infame. Mas se mesmo as mulheres não promoveriam a mulher retratada, então deve haver algo nesse efeito da aparência exterior. Os homens claramente possuem uma presença melhor – por isso vão adiante, se impõem e recebem a maior fatia do bolo.

Isso é algo que não precisam dizer para nós, mulheres. Nós sabemos melhor que qualquer homem o quanto a impressão exterior é importante – senão a minissaia e o sutiã com bojo não teriam sido inventados! Nós conhecemos o efeito de uma boa aparência – em um encontro e quando se trata de fisgar um homem. Mas quando o assunto é conquistar um emprego, uma promoção ou um salário melhor, ou de se impor perante clientes descarados, colegas sem consideração, chefes impertinentes e funcionários petulantes, a maioria das mulheres parece perder a cabeça. Elas se esquecem de tudo o que sabem sobre o poder das impressões, e se mostram comportadas, servis e submissas. Executivas não tão bem-sucedidas.

Observe mulheres que já fizeram conquistas no âmbito profissional ou social sem terem se tornado homens. Notamos uma coisa antes sequer de abrirem a boca: uma presença forte! Mulheres bem-sucedidas vestem-se diferente, andam diferente, sentam-se e ficam em pé de forma diferente; falam, gesticulam e olham para o mundo de maneira distinta – perdoem a sinceridade – daquela da típica secretária. Nada contra as secretárias. Se eu sou feliz como secretária, também posso ter a aparência de uma. Mas se quero ir adiante – se gostaria de me tornar gerente de um projeto ou departamento, deixar de ser constantemente ignorada ou oprimida por colegas, clientes e funcionários ou simplesmente abocanhar uma remuneração ou um emprego melhores –, não devo parecer, assumir a presença e causar o impacto de alguém que está totalmente satisfeita com um emprego de secretária!

Visto assim, o segredo do sucesso na vida e no trabalho é bastante simples: a apresentação é o que conta! É claro que você também precisa ser competente. Mas se o seu semblante contradiz a sua competência, de nada lhe servirá um diploma com honras! E você sabe o que é ainda melhor? A única pessoa que determina a sua presença é você mesma. Está nas suas mãos. Que efeito você tem sobre o seu ambiente? Tal efeito é suficiente para você alcançar o que sonha? Não? Então vamos trabalhar juntas na sua apresentação.

Quando você fechar este livro após ler sua última página, terá conquistado uma presença forte. Você então exercerá um efeito totalmente diferente sobre seus semelhantes – sobre chefes, colegas, subordinados, parceiros e clientes. Você não precisa mais se esconder de ninguém. As pessoas não mais a ignorarão, nem deixarão de notá-la. Como se por mágica, depois dele tudo na sua vida ficará mais simples e rápido, e avançará. Você impressionará e se imporá, assim como suas ideias. Ganhará o reconhecimento que lhe cabe. Seu bom desempenho será recompensado. Abrir-se-ão portas que até então estavam fechadas para você. E, principalmente: você se sentirá bem! Atraente, autoconfiante, segura, forte, livre e inigualável. Nada dessa sua nova presença forte será artificial. Pois isso não a faria importante. Você não precisa disso. Não é necessário mudar a si mesma. Com a sua nova presença, você simplesmente acentuará os seus pontos fortes pessoais e naturais, que até agora manteve ocultos. Quanto mais forte você se mostrar, mais satisfeita ficará.

E o melhor de tudo isso: você vai se divertir! Pois uma apresentação satisfatória traz sucesso – e o sucesso nos dá prazer.

Muita diversão e sucesso na sua mudança!

Cornelia Topf

1

Mulheres no mundo dos homens

Por que os homens continuam com isso

No mundo de homens em que vivemos, sempre é difícil para as mulheres. Já diz um ditado maldoso: "homens fazem carreira, mulheres fazem a família". E um olhar sobre as estatísticas ratifica essa frase.

> Homens fazem carreira, mulheres fazem a família.

- ✓ As mulheres ocupam menos de 5% das posições no topo da economia.
- ✓ Quando três mulheres e um homem candidatam-se a uma vaga, paradoxalmente, o homem em muitos casos é contratado.
- ✓ No caso de candidatos com as mesmas qualificações, o homem é preferencialmente promovido.
- ✓ Durante reuniões, propostas de homens são ouvidas e seguidas com mais frequência.
- ✓ Quando há debates em equipe, na maioria das vezes os membros entram em acordo e decidem-se pela sugestão de um colega homem.

✓ Quando um homem e uma mulher têm o mesmo desempenho, o homem ganha mais reconhecimento (e maior salário) em troca.

✓ As mulheres têm menor desempenho porque têm ideias piores?

Não – geralmente é o contrário. Por que, então?

Uma das respostas mais frequentes a essa pergunta é: "Porque os homens são uns cachorros". Pode até ser – mas o que eles dizem a respeito? Ao perguntar a chefes de pessoal e gerentes de departamento por que contrataram ou promoveram o homem e não a mulher a gerente de uma conta importante ou a líder de projeto, com bastante frequência é dada uma resposta como: "A Sra. Müller sem dúvida tem muita competência técnica. Mas simplesmente não a julgo capaz para esse trabalho (tarefa, projeto, cliente...)". E por que não, por misericórdia? É hora de abrirmos os olhos.

O que diz o seu instinto?

Observe os dois colegas e ouça o seu instinto.

O que ele diz? Agora imagine que você é o responsável pelas compras de uma empresa de engenharia mecânica, e precisa escolher um representante responsável pela construção de um equipamento especial. Ouça o seu instinto. Qual candidato será escolhido? A resposta é inequívoca. Alguns participantes dos seminários também respondem da seguinte forma: "É claro que o homem, e não a secretária dele!" Isso acontece, aliás, com frequência na prática: a mulher é automaticamente vista como secretária, assistente ou funcionária do homem, mesmo que

Imagem 2: Qual dos dois avançará profissionalmente?

esteja na mesma posição hierárquica ou seja até sua superior! Isso não se deve, como gostam de supor, ao fato de que nossa sociedade ainda não esteja habituada a uma mulher em posição hierárquica superior a um homem que a acompanhe. O motivo é totalmente diferente:

A culpa não é de nenhum tipo de instinto masoquista oculto das mulheres, mas do Efeito Tootsie.

O Efeito Tootsie

As mulheres causam impressão diferente dos homens porque se apresentam de forma diferente. Sucessos cinematográficos como *Quanto mais quente melhor, A gaiola das loucas, Vitor ou Vitória?, A tia de Charley, Tootsie* ou *Uma babá quase perfeita* destrincham energicamente essa diferença. No filme soa engraçado quando Dustin Hoffmann ergue as mãos para o alto, gira os olhos e diz com voz esganiçada: "seu safadinho!" O que há de tão engraçado nisso? Obviamente, a linguagem corporal feminina. É claro que essa linguagem foi usada no filme de forma muito exagerada. Mas o que é engraçado no filme é pura discriminação na vida real.

As mulheres não são tão discriminadas por serem mulheres, mas sobretudo por falarem outra linguagem corporal. Ficamos desconcertados ao reconhecer que não é culpa do gênero, mas da linguagem corporal, o fato de os homens serem imediatamente discriminados cada vez que incorporam a linguagem corporal feminina. Para os que ainda se lembram, um exemplo clássico é Stan Laurel de *O Gordo e o Magro*, que representava o Magro (na versão alemã, *doof* – pateta). Por que pateta? Porque todo o repertório da sua linguagem corporal era parodiado da linguagem corporal feminina. O Gordo era muito mais tolo, caía no chão com mais frequência e muitas vezes levava uns tabefes – mas parecia bem mais competente, inteligente e forte. Porque falava outra linguagem corporal. Tipicamente masculino: se dá mal mais vezes, mas no final se sai melhor!

As mulheres são discriminadas por falarem a linguagem corporal "errada"

É claro que isso é injusto. E é claro que é um atestado de ignorância em qualquer sociedade o fato de ela medir a competência de uma pessoa por falar mais ou menos agudo, pela forma como cruza os braços ou por quanto suas pernas se entrelaçam nas da cadeira ao se sentar. Quando uma sociedade é limitada a ponto de cair nesses sinais superficiais – mesmo com avaliações de ensino para cá, escolas em período integral para lá – não é possível dissuadi-la disso mesmo que quisermos. Mas, enquanto vivermos nela, temos apenas uma escolha: aceitar as regras idiotas do jogo e vencê-lo – ou então não jogá-lo. Mas no que isso dá é algo que você já sabe bem a estas alturas. É também por isso que você tem este livro em mãos. Porque não quer mais ser deixada de fora. Porque gostaria de se livrar do Efeito Tootsie. Então vamos nos mexer!

Sinais corporais que acabam com a carreira

Observe mais uma vez a Imagem 2. É evidente que o homem causa melhor impressão que a mulher. Porém, qual é a razão? Se você quer ganhar impulso na vida, deve aprender a entender o que ajuda a avançar.

Competência é importante. Mas é o efeito sobre os outros o que faz ir além. Isso já diziam, aliás, os nossos bisavós no ditado alemão: "A modéstia é bela, mas sem ela chegamos mais longe!" Como você também pode ver, o homem causa uma impressão melhor, e parece mais competente e superior. Mas ao que isso se deve?

Os sinais corporais determinam a impressão causada

A linguagem corporal é uma língua como qualquer outra. Ela é composta de vocábulos. Os vocábulos da linguagem corporal são cada um dos diferentes sinais corporais. Assim que souber reconhecer e aplicar esses sinais, você dominará a linguagem corporal. Observe a Imagem 2 e olhe também ao redor no seu ambiente de trabalho. Por quais sinais corporais típicos os homens e mulheres se diferenciam?

✓ Os homens sentam-se com as pernas abertas, por exemplo, enquanto as mulheres cruzam ou entrelaçam as pernas uma sobre a outra. Isso de fato é atraente. Todavia, quem deseja fazer carreira não precisa parecer atraente em primeiro lugar – mas sim competente.

✓ Os homens afastam os cotovelos ao se sentarem. As mulheres os mantêm junto ao corpo, ou até posicionam os braços por baixo da mesa.

Homens se estufam, mulheres se encolhem.

✓ Homens gostam de manter as pernas bem abertas quando de pé, com as mãos nos bolsos da calça ou até nos do casaco. As mulheres ficam em pé na postura de alívio de tensão: pernas juntas, peso sobre uma delas e mãos visíveis.

✓ É comum as mulheres se sentarem com joelhos fechados e pés voltados para dentro. Os homens mantêm os joelhos abertos, e os pés girados para fora.

Esta lista poderia não ter fim. Se abrir os olhos no dia a dia, você perceberá uma avalanche de sinais típicos de cada um dos sexos. Infelizmente, todos esses sinais têm algo em comum: "As posturas corporais das mulheres, com braços e pernas junto ao corpo", afirma a pesquisadora de comportamento Marianne

Wex, "as fazem parecer menores e mais estreitas, as menosprezam, diminuem e humilham, e causam impressão solícita, retraída, reservada, predominantemente intimidada e amedrontada". É evidente que tal impressão é totalmente involuntária e inconsciente, porém catastrófica. Tão catastrófica quanto o que vivenciamos cotidianamente:

 A maioria das mulheres nem de longe consegue o que deseja alcançar. Por quê? Porque sua linguagem corporal não é a correta.

Enquanto o efeito dos homens é de competência ou até arrogância, infelizmente as mulheres parecem filhas obedientes com frequência demais. Ela é amável, gentil, simpática – mas ninguém quer comprar dela uma turbina a gás! Exatamente porque ela não parece durona o suficiente para os negócios. O que, naturalmente, é ridículo. Ter filhos é dez vezes mais difícil que tudo

Não é durona o bastante?

o que os negócios têm para oferecer. No entanto, as mulheres parecem justamente gentis demais para os negócios. Porque enviam os sinais corporais errados. Então quer dizer que, a partir de agora, você deve bater os saltos pelos corredores de pernas abertas como John Wayne? Esse é um erro espontâneo muito comum. Então vamos esclarecer logo:

 Mulheres não são homens. Por isso, também não devem comportar-se como eles. O efeito disso é ridículo. As mulheres têm linguagem corporal própria.

Estamos aqui para descobri-la. Mulheres não precisam se sujeitar tanto quanto uma filha obediente. Mulheres de negócios bem-sucedidas sem serem masculinizadas demonstram: elas não agem de forma tão arrogante quanto os homens, mas parecem muito competentes e autoconfiantes. É isso mesmo – existem sinais corporais para "filha obediente", "sujeito bruto" e "mulher de negócios autoconfiante". Como esta última se parece é o que examinaremos neste livro. E por quê?

A linguagem corporal é subestimada

A linguagem corporal do homem típico diz: "abram caminho que eu vou passar!" É claro que há homens que fogem ao padrão, que causam impressão gentil e amável. Nos Estados Unidos há uma expressão para isso: Mr. Nice Guy (ou Sr. Bom Moço). Em uma sociedade tipicamente masculina, esse conceito tem uma nuança pejorativa impossível de ignorar: ele é gentil e amável – e então não é homem de verdade. Seria uma expressão verbal de uma sociedade machista? Não exatamente: o conceito está mais na boca das mulheres que dos homens. Muitas mulheres também curtem mais homens "de verdade". Enquanto o homem típico se mostra um macho de verdade, as mulheres tendem a parecer gentis, discretas, simpáticas – justamente "femininas".

Todos nós sabemos e vivenciamos diariamente que os homens geralmente se mostram másculos e um pouco arrogantes, e as mulheres, por sua vez, femininas. Mas nos esquecemos regularmente de quais efeitos isso tem! As impressões da linguagem corporal são constantemente subestimadas:

✓ Em reuniões e discussões, as mulheres tendem a chamar menos a atenção, a não serem percebidas, justamente por terem uma presença tão discreta. **Os sinais da linguagem corporal são fatalmente subestimados.** Reação típica dos homens: "Ah, a Müller também estava junto daquela vez? Ah, é verdade, agora eu me lembro". Isso não exatamente ajuda no sucesso pessoal.

✓ Quem é menos notado também é promovido em menos casos – pois aqueles de quem o superior não se lembra ou recorda-se apenas vagamente não chegam à etapa final da seleção para uma promoção.

✓ Quem chama menos a atenção deixa de ser notado com mais frequência, é oprimido, não é levado a sério, é menos reconhecido.

✓ Quem dá menos na vista recebe projetos menos atraentes – assim como cargos, tarefas, clientes, poderes...

✓ Quem recebe projetos, clientes etc. menos atraentes também é menos notado como consequência; por conseguinte, também chega menos longe – eis uma espiral descendente mortal.

✓ Quem não sobressai tende a ser onerado em maior intensidade e frequência por clientes, colegas e chefes, porque a aparência exterior sugere: com ele/ela dá pra levar vantagem!

É justamente o que me relatam muitas participantes de seminários e treinamentos para mulheres: "Às vezes tenho a impressão de que os caras do escritório pensam: com ela dá pra levar vantagem!" E é isso mesmo! É isso o que os homens pensam e admitem entre eles. E por quê? Exatamente porque as mulheres provocam essa impressão com frequência. Elas não a despertam de forma consciente, mas inconscientemente – e precisamente por isso é tão perigoso. A maioria das mulheres sequer percebe os sinais corporais fatais que enviam! Elas pensam que a culpa é dos homens cruéis. Porém, com seus sinais inconscientes elas de fato convidam os homens: "Vai, pode me ferrar. Comigo você pode!"

A culpa é dos homens cruéis?

Neste ponto muitas participantes de seminários e treinamentos ficam imensamente indignadas: "Mas o que eu tenho a dizer não conta nem um pouco?"

As mulheres têm algo a dizer?

Muitas mulheres ficam verdadeiramente chocadas com quão fatais são os efeitos da linguagem corporal errada sobre a própria vida. Elas perguntam a mim e a si mesmas: "Mas o que eu tenho a dizer não conta mesmo? Minha competência técnica e experiência profissional valem assim tão pouco? Não é muito mais importante o que alguém tem a dizer, mais que sua aparência? Afinal, o que interessa é o conteúdo, e não a embalagem!" Desculpe, mas se realmente dependesse de competência e desempenho, em muitas empresas a proporção seria exatamente inversa: 90% dos diretores do sexo feminino e 10% do sexo masculino. Mas não é bem assim. Pois:

Nosso efeito sobre as outras pessoas é motivado:

✓ 55% pela linguagem corporal;

✓ 38% pela modulação da voz;

✓ E apenas 7% pelo que dizemos.

Na realidade, deveríamos saber: não depende tanto do que dizemos, mas de como dizemos. O melhor exemplo disso é a publicidade: praticamente sem conteúdo, mas com eficácia de bilhões. Pode parecer idiota – mas é simplesmente como o ser humano funciona! É claro que não podemos sair da nossa própria pele, nem eu nem você. Então o mais esperto é dar o nosso melhor!

Não é a nossa fala, mas a nossa linguagem corporal o que decide se seremos levados a sério e que impacto causaremos – se conseguiremos nos impor ou seremos sobrecarregados. Pois presença, impressão e carisma não são fenômenos linguísticos, mas justamente relacionados à linguagem corporal. No fundo, as mulheres são quem melhor sabem disso: Quanto tempo você passa na frente do espelho antes de um primeiro encontro? Por quê? Porque os valores interiores são tão importantes? Não, porque a impressão causada é decisiva. Na vida privada nós sabemos disso melhor que qualquer homem. Nenhuma mulher apareceria em um encontro sem lavar o cabelo. Homens fazem isso o tempo todo. Na vida privada nós somos mestres na linguagem corporal – e no trabalho, completas iniciantes.

Mas esse é um bom consolo. Pois se no âmbito pessoal somos tão boas nisso, também somos capazes de aprendê-lo para a profissão. É justamente o que faremos nos próximos capítulos.

Cause boa impressão também no trabalho!

É raro mulheres saírem de casa desleixadas. Mesmo quando vão só comprar pão, retocam a maquiagem ou ao menos jogam um casaco elegante por cima da roupa de ficar em casa. Por quê? Porque mulheres querem causar uma boa impressão. É lógico. Mas no trabalho as mesmas mulheres defendem que as palavras deveriam ser mais importantes que a aparência, o conteúdo mais importante que a forma e o desempenho mais importante que a presença. Isso é uma contradição. Ela também existe na sua cabeça? Você às vezes também pensa ou diz coisas como:

- ✓ "Tenho muito mais experiência que o meu colega e ainda assim ele é privilegiado!"
- ✓ "O importante é o conteúdo, e não as aparências!"
- ✓ "Por que ninguém vê no que eu sou boa?"
- ✓ "Por que não ganho o reconhecimento que mereço?"
- ✓ "Tudo só depende do desempenho!"

Se essas ideias assombram os seus pensamentos, você está sendo vítima de um engano. Você acredita que na esfera privada uma boa impressão de fato é importante, mas que no trabalho tudo depende apenas de valores intangíveis, do desempenho e do conteúdo. Esse é um equívoco bastante difundido.

> No trabalho, a impressão exterior é mais importante ainda, por trazer consequências muito mais sérias!

Se você parecer antipática para a moça da lavanderia, isso lhe turvará o humor por um certo tempo – mas se parecer antipática para um cliente durante o trabalho, em certas circunstâncias isso pode lhe custar um contrato, uma promoção ou o emprego. Isso depende totalmente do cliente.

É ótimo que você seja tecnicamente competente. Mas por favor não confie que alguém lá do topo já apreciará o seu desempenho por isso.

 Apenas desempenho não basta. Se fosse assim, as mulheres subiriam na carreira mais rápido que os homens. Só desempenho não é suficiente. Apenas uma boa impressão pode chamar a atenção para o seu bom desempenho. Cause uma impressão!

Qual? Em hipótese alguma a errada!

A impressão errada

Muitas mulheres têm total consciência de que no ambiente de trabalho também precisam causar uma boa impressão. Elas escolhem cuidadosamente as roupas e a maquiagem. Isso certamente causa uma impressão. Mas a pergunta é: Qual?

Se você pudesse memorizar apenas uma pergunta deste livro todo, teria que ser esta: Que impressão você causa?

Que impressão você causa?

A maioria das mulheres se veste para o trabalho de forma um pouco mais caprichada que no tempo livre, e com isso acredita estar causando uma boa impressão. Isso é, em grande medida, um erro fatal, cujo sintoma é a observação que de vez em quando um colega faz após uma apresentação feita por uma mulher: "Nossa colega disse algo importante? Só fiquei olhando para as pernas dela o tempo todo!" A saia claramente era curta demais. Ela causou uma impressão? E como! A impressão certa? Infelizmente não.

 Muitas mulheres vestem-se e comportam-se no trabalho de forma a causar uma impressão simpática, bem cuidada e, sobretudo, atraente. Essa ainda não é, no entanto, uma impressão competente, séria, confiável e assertiva.

Que impressão você causa? Como? E é essa a impressão que você deseja provocar? É a impressão que lhe fará avançar em direção ao objetivo que deseja? Ou perguntando precisamente:

Você parece atraente ou competente?

É claro que é possível parecer ambos – mas a pergunta é: É o que você faz? E, principalmente: É assim que os seus colegas, chefes, clientes e funcionários a veem?

Ainda pior é quando uma mulher não só não transmite a impressão de competência, como tampouco parece atraente. São as vistas como sisudas sem sal. Terninho cinza, sapatos pretos, óculos endireitados, sem acessórios, maquiagem ou joias... A esse respeito, uma coisa é certa: sisuda sem sal ou mocinha retraída, nenhum dos dois faz chegar longe! Tudo bem se uma mulher gosta de se vestir e se mostrar com discrição, e também não tem quaisquer ambições. Nesse

As sisudas sem sal.

caso, a impressão combina com as próprias expectativas. Só é doloroso quando essa mulher discreta no fundo está constantemente insatisfeita por ser ignorada e preterida.

Com isso você também pode ver: linguagem corporal não é treinar gestos impressionantes ou expressões fantásticas – embora seja constantemente apresentada assim por livros ruins de autoajuda. A linguagem corporal começa na cabeça. Uma linguagem corporal bem-sucedida significa simplesmente sintonizar suas próprias expectativas com sua aparência exterior.

 Não é possível sustentar a longo prazo uma presença diferente do que você é. Isso seria muito cansativo, frustrante e decepcionante.

Não é preciso mudar o que você é

Se ao ler as últimas linhas você constatou que sua expressão exterior não corresponde de maneira alguma com aonde você quer chegar, não se culpe por isso. Nós estamos justamente no processo de mudá-lo. Todavia, tenha cautela para não recair em outro erro bastante popular: "Eu sei que muitas vezes pareço mais (comportada, obediente, gentil, inofensiva...) do que seria bom para mim mesma. Mas eu também não quero mudar como eu sou!"

 O oposto de uma impressão desfavorável não é modificar sua essência. Ser artificial nunca é uma solução, pois até o pior imbecil perceberia que você não está sendo o que realmente é!

E assim sua boa impressão iria por água abaixo. Afetação não impressiona ninguém! Por ser tão evidente, você acaba sendo descoberta e parecendo postiça, o que é interpretado como sinal de insegurança e fraqueza – e não deixa de ser.

 A melhor e mais forte impressão continua sendo a que você provoca quando é autêntica.

É claro que também há mulheres que são artificiais para causar uma impressão mais forte e, assim, progredir. A coletividade as chama pejorativamente de machonas. Elas trilham o caminho seguro da abnegação, e trocam sua feminilidade por um punhado de dólares. De fato é confortável, mas não é conveniente nem proveitoso. Pois o preço da abnegação é alto: a mulher se perde de si, em algum momento deixa de se suportar e então adoece. Isso é totalmente desnecessário.

É possível fazer ambos: manter a feminilidade e a identidade próprias, e ainda assim ter uma presença decidida e autoconfiante.

Não se trata de nenhum feitiço, mas simplesmente de treinamento. E é exatamente por isso que estamos aqui.

A consciência determina o ser

A linguagem corporal é muito simples. Não é preciso aprender nenhuma forma-modelo de andar, nem os chamados *power moves* (movimentos poderosos). Aos elementos mais importantes você já foi apresentada neste capítulo. Eles são apenas quatro:

> **Tudo o que você precisa saber sobre linguagem corporal:**
>
> ✓ A maior parte da linguagem corporal ocorre inconscientemente, e isso é perigoso. Tome consciência do que é inconsciente!
>
> ✓ Preste atenção nos seus próprios sinais corporais.
>
> ✓ Registre conscientemente o efeito deles sobre os outros.
>
> ✓ Modifique os seus sinais para que seu efeito a faça progredir.

Não tenha medo – você não precisa fazer isso 24 horas por dia, apenas quando for importante! Quando tiver que falar com o chefe, com um cliente difícil ou com um grupo furioso durante uma apresentação. Quanto mais vezes fizer, mais fácil se tornará para você. Muitas mulheres me contam que essa observação de si mesmas e dos outros se torna um hábito muito rapidamente, que deixa de fazê-las se sentirem inseguras para transmitir muita segurança. Monika, 28 anos, gerente de projetos, afirma: "Quando observo conscientemente o meu efeito sobre os outros, sinto-me segura e autoconfiante. Pois eu sempre sei o efeito que causo. Isso me dá segurança". Monika, por exemplo, se faz três perguntas o tempo todo: "Estou andando, sentando e ficando em pé ereta? Como isso está sendo recebido? Que efeito eu quero ter sobre as pessoas?"

Que impressão deseja causar quando isso é importante?

Com a aplicação consciente da linguagem corporal, as mulheres progridem mais fácil e rápido

Todas nós conhecemos dos filmes este efeito: a diva no bar olha lascivamente por cima do ombro, encara o rapaz ao lado com olhar sedutor e semblante de menina – e o sujeito não cai do banquinho por pouco. O resultado é notório. E por que então acreditamos que isso só funciona no bar? Mulheres de negócios bem-sucedidas nos ensinam diariamente que uma infinidade de sinais corporais funcionam com a mesma eficácia no trabalho. Vamos colocá-los para funcionar!

A linguagem corporal das mulheres bem-sucedidas

É hora de abrir os olhos. Observe algumas secretárias trabalhando e compare sua linguagem corporal com a das mulheres de negócios bem-sucedidas, que ocupam cargos mais altos. Elas de fato são poucas, mas existem. Preste atenção, sobretudo, em sinais de:

✓ Insegurança

✓ Força

✓ Autoconfiança

✓ Condescendência

✓ Submissão

✓ Dependência

A diferença é nítida, não é? Sequer precisamos nos aprofundar em cada um dos vocábulos da linguagem corporal para confirmar a impressão geral.

As mulheres transparecem o cargo que ocupam, ou então a posição a que aspiram.

Também é por isso que superiores e gerentes de pessoal experientes sabem logo nos primeiros minutos de uma entrevista qual o potencial de uma candidata: se ela será eternamente a assistente da equipe ou se tem vocação para subir na carreira. Quando há três mulheres no elevador, com olho treinado é possível adivinhar que cargo elas têm – por mera observação da linguagem corporal. Então será que podemos dizer que o cargo determina a linguagem corporal? Assim que uma mulher se tornasse gerente de departamento, ela passaria a se comportar como uma. Não, isso não está correto. Certas mulheres são vistas como gerentes de departamento bem antes de serem promovidas. São aquelas mulheres que hoje já sabem o que querem. Essa consciência e essa visão quanto às próprias metas são expressas pela linguagem corporal. A consciência determina o ser.

Direcionamento a metas na linguagem corporal.

Não se deixe oprimir!

Nem todas as mulheres aspiram a uma promoção. A maioria delas sequer cobiça isso. O que elas prefeririam bem mais:

✓ "Quero finalmente ser levada a sério."

✓ "Eu gostaria de ter o reconhecimento que me cabe."

✓ "Quando tenho bom desempenho, ele também deve ser apreciado."

✓ "Também tenho algo a dizer! Por que ninguém me ouve?"

É isso mesmo o que você quer?

✓ "Não quero ser preterida o tempo todo em reuniões!"

Prossiga na sua observação de campo e repare em mulheres que são claramente oprimidas. Compare-as às mulheres que são capazes de se impor. A diferença é clara? Sem dúvida. Mas justamente essa diferença é algo, em via de regra, interpretado de forma totalmente incorreta: "Quando já nos impusemos, é fácil assumir presença autoconfiante". Isso inverte totalmente a lógica.

 Quem é capaz de se impor não se torna autoconfiante: quem é autoconfiante é que é capaz de se impor.

Funciona do mesmo jeito que com a promoção: mulheres que sabem o que querem agem como uma gerente de departamento muito antes de serem promovidas a tal. Também funciona assim com a capacidade de se impor e com todas as outras virtudes dos bem-sucedidos: mulheres com presença autoconfiante não aparentam ser autoconfiantes só depois de terem se imposto – mas antes mesmo de se imporem! Na verdade isso é lógico, não é?

 Não é o sucesso que determina a linguagem corporal, mas a linguagem corporal que determina o sucesso!

A mente e a linguagem corporal são profundamente interligadas. Aqueles que querem ir longe na vida têm presença totalmente diferente. O corpo reflete os pensamentos, e é isso o que o faz ser tão revelador. Quando você se candidata à posição de líder do grupo, mas demonstrando os sinais corporais de uma funcionária "comum", está passando a perna em si

Postura exterior e interior são diretamente interdependentes.

mesma. Pois todas as belas palavras não servem de nada se o seu corpo a contradiz, enviando os sinais errados. Cada pensamento se manifesta no corpo e em sua expressão.

Demonstre postura

Justamente pelo fato de a postura exterior refletir a interior, ela nos sabota com frequência. Petra, por exemplo, sempre precisa sofrer com os abusos dos colegas, que lhe tiram sarro o tempo todo e descarregam trabalhos maçantes sobre ela. Petra pensa: "Já lhes disse mil vezes que devem parar com isso!" Por que eles não param?

Quando a boca diz não, mas o corpo diz sim, é no seu corpo que acreditamos

Quando Petra diz "não", sua boca de fato diz não, mas seu corpo está falando outra língua. Na maioria das vezes ela fala com o encrenqueiro sentada à mesa de trabalho, fitando-o sombriamente de canto de olho por cima do ombro. A impressão que causa com isso? "Pequena, mordaz, inofensiva", como descreve um colega. Por isso ninguém a ouve – simplesmente não a levam a sério. Pois sua postura diz claramente: "Não acredito em mim. Não penso realmente o que estou dizendo!"

Depois da primeira sessão de treinamento, ela passa a se comportar de outro jeito. Na primeira perturbação, ela se levanta, vira-se para encarar o encrenqueiro de frente, dá dois passos em sua direção e abre os braços lateralmente, enquanto lhe sorri com frieza e diz: "Chega. Você sabe que eu não gosto disso". O encrenqueiro reage com perplexidade, murmura um pedido de desculpas e sai de cena às furtadelas. Depois disso, Petra sente-se indescritivelmente bem.

Com esse exemplo observamos: a postura exterior e a interior são diretamente interdependentes. Lendo e estudando os capítulos a seguir, não só a sua postura exterior mudará pouco a pouco, mas também a sua postura interior. A ação da postura exterior sobre a interior é, aliás, conhecida por psicólogos como *postural setting* (ajuste postural). Pedindo a pessoas depressivas para se levantarem, se alongarem e olharem meio minuto para cima, sua depressão é amenizada, por exemplo.

Por quê? Porque a melhor posição para a depressão é sentado e encolhido no canto. A pessoa não fica sentada ali, literalmente de canto, só por estar deprimida. Ela também está deprimida por ficar de canto – são fatos interconectados e indissociáveis. Se mudamos um deles, o outro também muda.

Modificando os seus sinais corporais, sua postura interior também se modifica. Quanto mais avançar na leitura deste livro, mais autoconfiante você se tornará, mais forte será a impressão que você causa, maiores serão suas liberdades e margem de manobra, menores ficarão seus medos e inseguranças e, assim, mais cedo você se libertará de pressões externas e internas. Todas essas serão consequências de uma linguagem corporal congruente, em harmonia com os seus desejos.

2

Que impressão você transmite?

A grande injustiça

A linguagem corporal é a mais falada das línguas. Apesar disso, é a menos compreendida – já que geralmente se manifesta de forma totalmente inconsciente. Por exemplo: Onde estão suas mãos neste momento? Pois é. Você estava consciente em relação a elas antes da pergunta? Certamente não.

Por que não? Porque os movimentos das mãos, chamados de gestual, ocorrem involuntariamente. Não quando estamos passando delineador, é claro. Surpreendentemente, porém, movimentos de mão conscientes como esse são os menos frequentes. Na maior parte do tempo, não registramos conscientemente o que nossas mãos fazem – e menos ainda nossa postura e expressão facial.

 A linguagem corporal é involuntária tanto em homens quanto em mulheres. A injustiça consiste em ela ter mais consequências positivas para os homens e negativas para as mulheres.

Via de regra, nem homens nem mulheres têm consciência de sua linguagem corporal. Normalmente, nem homens nem mulheres sabem como atuam sobre os outros, e quais sinais reveladores transmitem. Até aqui a criação do mundo foi bem justa. A grande injustiça reside nas consequências. Os homens geralmente também não têm consciência de sua linguagem corporal – mas no caso deles ela tem efeitos positivos para a carreira e para o sucesso no cotidiano profissional. Homens sem controle da linguagem corporal tendem a manifestar automaticamente um comportamento rústico, parecendo:

✓ dominadores, ou até professorais;

✓ competentes, ou até sabichões;

✓ autoconfiantes, ou até arrogantes;

✓ autoritários, ou até carismáticos;

✓ obstinados, ou até duros na queda;

✓ sérios e confiáveis;

A presença masculina tende a ser forte.

✓ pragmáticos e, sobretudo,

✓ importantes.

 A presença de homens com linguagem corporal irrefletida é tipicamente forte, enquanto mulheres com linguagem corporal involuntária tendem a parecer fracas.

Devido aos efeitos descritos, quando os homens não se atentam à sua linguagem corporal, as consequências são mais positivas que negativas. Com esse comportamento rústico inconsciente, eles às vezes podem parecer antipáticos e grosseiros, mas ao menos são levados a sério e conseguem se impor.

Os homens podem, em geral, se dar ao luxo de uma linguagem corporal irrefletida. As mulheres não.

Justamente por esse motivo este livro foi escrito. E é provável que seja precisamente por esse motivo que você o tenha nas mãos: as mulheres são prejudicadas e discriminadas por causa de sua linguagem corporal natural. As mulheres atrapalham a si mesmas com sua linguagem corporal. São um obstáculo para si próprias. Pois de forma tão automática quanto o homem que age como um bronco e se beneficia disso, quando não refletem, as mulheres geralmente agem como uma filha obediente, prejudicando a si mesmas. Sem tomar consciência da sua linguagem corporal, você parece, automaticamente:

✓ insegura e fraca;

✓ vulnerável e dependente de harmonia;

✓ frágil em situações de conflito;

✓ incapaz de se impor;

✓ menos firme que o necessário e

✓ pouco resistente à pressão.

A presença feminina tende a ser fraca.

De onde vêm esses efeitos colaterais indesejados de uma linguagem corporal irrefletida? Do uso inconsciente dos seguintes vocábulos da linguagem corporal:

✓ Contato visual

✓ Postura corporal

✓ Movimentos de mãos (gestual)

✓ Expressão facial

✓ Modulação da voz

✓ Vestuário, joias, cabelo, maquiagem

Cada um desses seis vocábulos tem determinado efeito sobre as outras pessoas. Esse efeito é provocado o tempo todo – inclusive agora! Sem perceber. Você não sabe o que o seu olhar, seu rosto e suas mãos estão revelando sobre você neste instante. É isso o que torna os sinais corporais tão perigosos (para mulheres). A seguir, examinando na ordem esses seis grupos de sinais, veremos, respectivamente, quais sinais prejudiciais as mulheres enviam com eles, como evitá-los e como é possível transmitir os sinais certos.

Ele está olhando pra você, garota!

Os homens olham, via de regra, de forma direta, franca e penetrante. As mulheres muitas vezes veem isso como uma encarada, e sentem-se despidas com os olhos. Os homens não veem nada de mais em não olhar no rosto de uma mulher enquanto falam com ela, e preferir os seios. O olhar dos homens também é percebido assim pelo fato de eles geralmente não sorrirem ao estabelecer contato visual.

Contato visual como instrumento de poder.

As mulheres, por sua vez, sorriem com muito mais frequência ao buscarem contato visual. Por essa razão o seu olhar é recebido como amigável e inofensivo – em contrapartida ao sério e sóbrio dos homens. De modo geral, as mulheres não encaram. Por isso, elas interrompem o contato visual mais rápido que os homens. O que muitas mulheres não sabem: esse é um gesto de humildade. As crianças sabem disso quando brincam de encarar: quem piscar ou desviar o olhar primeiro perde. O contato visual também é um instrumento de poder. É daí que vêm expressões como:

✓ "Fulminar com o olhar"

✓ "Um olhar matador"

✓ "Não ser digno de um olhar"

As mulheres abdicam inconscientemente desse instrumento de poder. Elas desviam o olhar, interrompem o contato visual com mais frequência que os homens, olham mais vezes para o chão mesmo em uma conversa direta. Por quê? Porque elas não querem encarar os outros. Uma boa intenção, mas que acaba errando o alvo. A partir disso reconhecemos:

> Na linguagem corporal inconsciente, intenção e efeito raramente são a mesma coisa! Aquilo que tencionamos na maioria das vezes não é o que conseguimos!

Isso é naturalmente fatal. A maioria das mulheres desvia o olhar para baixo porque, por educação, não querem encarar o outro. E como se saem com isso? Até os maiores literatos escrevem: "Acanhada, ela desviou os olhos para o chão". Acanhada, envergonhada, modesta, insegura, insincera – é o que é atribuído às mulheres por isso! É claro que é idiotice! Mas é esse o resultado!

A lei de ferro da comunicação: a maneira como a mensagem chega ao receptor é determinada apenas por ele!

A mulher quer parecer educada olhando para o chão, mas parece envergonhada, insegura, insincera...! Mas que grande autossabotagem!

Imagem 3: Homens parecem sérios, e as mulheres, simpáticas

Observe a Imagem 3 – a impressão fala por si só, não é verdade? O homem parece importante, e a mulher, amável e simpática. Ela poderia até ser superior dele, mas, infelizmente, não é o que parece. Não é à toa que muitas pessoas a tomariam por secretária dele!

Contato visual em reuniões

Muitas vezes as mulheres já levam a pior em reuniões antes mesmo de elas terem começado. Elas já estão perdendo de 1 a 0 antes de a bola começar a rolar: simplesmente por causa de um gol contra marcado por sua linguagem corporal. Experimente observar durante a sua próxima reunião. Seja uma das primeiras a chegar à sala de reunião e repare como os homens olham ao entrar pela porta. Eles examinam ao redor com olhar firme, e fitam brevemente cada um dos presentes com ar crítico. A mensagem subliminar: "Atenção – sou eu que estou chegando!" Em muitos deles, também há um toque de agressividade: "Não se coloque no meu caminho!" Uma presença forte, poderíamos dizer. Uma presença com olhar seguro. Uma presença com ares de dominação. Já as mulheres entram pela porta, em via de regra, com olhar totalmente diferente. Elas mal olham no rosto dos que já estão presentes, e tendem a olhar ao redor como se buscassem algo. O recado: "Onde ainda resta um lugarzinho livre? Onde posso me sentar?" Muitas também olham claramente inseguras: "Conheço alguém aqui?" Nós sabemos: a primeira impressão conta. E com essa primeira impressão de insegurança, possivelmente a reunião começa ruim para a mulher. Os homens presentes sentem instintivamente: "Essa aí simplesmente não dá para levar a sério. Veja só como é insegura!"

Um olhar é só um pequeno sinal – mas tem grande efeito. E o efeito de homens e mulheres não poderia ser mais diferente. Esse é outro princípio da linguagem corporal: geralmente os menores gestos têm o maior efeito.

Por que muitas mulheres se colocam como submissas logo no início de uma reunião? Porque querem ser submissas? Porque se sentem inferiores? Não. Aqui também vale: a intenção não é igual ao efeito. As mulheres não querem ser submissas. Em reuniões ou quaisquer outros lugares, elas tendem a se proteger dos olhares alheios, já que se sentem encaradas (muitas vezes com razão). Isso é desagradável, e é algo que elas querem evitar. Então desviam o olhar. É compreensível – mas provoca impressão devastadora nos demais presentes, inclusive mulheres.

 Sinal corporal: contato visual em reuniões

Efeito dos homens: constroem respeito com um olhar.

Efeito das mulheres: mostram-se submissas com um olhar.

Para onde você olha?

Aposto que, durante a leitura, você já refletiu algumas vezes sobre para onde você normalmente olha no escritório e em outros lugares. Isso é bom: o primeiro passo para uma linguagem corporal bem-sucedida consiste primeiramente em tomar consciência dos seus próprios sinais. Pergunte a si mesma:

Checklist

✓ Para onde olho normalmente?

✓ Quem eu olho, e como?

✓ Eu olho para o interlocutor quando falo com ele?

✓ Isso também vale para chefes, colegas, subordinados, clientes?

✓ Eu sorrio enquanto isso? Demais? De forma permanente e penetrante?

✓ Quem olha para mim, e como?

✓ Como reajo a isso? Desviando o olhar?

O olhar das mulheres bem-sucedidas

Experimente observar mulheres bem-sucedidas no trabalho: elas olham para o mundo com outros olhos. Examine-as. Aprenda com elas.

✓ *Mulheres bem-sucedidas sustentam o olhar.* Mesmo quando for encarada, retribua sempre o olhar. Não desvie-o em nenhuma hipótese! Embora inconsciente, esse é um ato de humildade muito eficaz e prejudicial. E você não quer parecer humilde! Afinal, você não vive mais no século XIX. *Sustentar* o contato visual também significa suportar o olhar do outro. Lembre-se da brincadeira de encarar das crianças: o primeiro que desviar ou piscar perde.

Não desvie o olhar!

Faça simplesmente como se continuasse brincando disso. Não vai dar certo na primeira vez. Mas, como em todos os jogos, a prática faz a perfeição. Aos poucos você ficará cada vez melhor em se manter firme também diante de olhares desagradáveis. Com isso, você terá uma experiência surpreendente: é simplesmente agradável não se esquivar de olhares, mas retribuí-los com força e autoconfiança. Esse é o princípio do retorno da linguagem corporal: ao enviar um sinal de autoconfiança, você também se sente autoconfiante.

✓ *Mulheres bem-sucedidas buscam ativamente contato visual.* No início de reuniões, entrevistas, negociações e palestras, busque contato visual ativo com cada um dos presentes por vez (ou com a maioria deles). Um ou dois segundos já bastam para estabelecer contato visual. De início isso também exige esforço e coragem,

Seja corajosa!

e não dá certo logo de cara. Seja paciente com você mesma, e experimente. Depois de três ou quatro tentativas você já conseguirá como se deve. E se sentirá bem ao fazê-lo! Você perceberá que as pessoas a verão de forma totalmente diferente, e a levarão a sério.

✓ *Mulheres bem-sucedidas mantêm o interlocutor na mira.* Tanto faz com quem você fale: olhe-o nos olhos. Mantenha o contato visual. Não desvie o olhar.

Mantenha-se cortês!

Muitas mulheres gostariam de fazê-lo, mas pensam: "Eu não consigo encarar os outros assim!" Mas isso não é encarar! Encarar é olhar no rosto de alguém com expressão imóvel, sem dizer uma palavra. Encarar é pouco educado – tão pouco educado quanto se esquivar do contato visual. Sendo assim, mantenha contato visual cortês.

✓ *Mulheres bem-sucedidas vencem duelos de olhares.* Muitos chefes, clientes ou colegas (e às vezes até subordinados) tentam fazê-la olhar para o chão usando seu próprio olhar. Eles a encaram tão duramente que você baixa seu olhar para o chão de forma automática e inconsciente. Não faça isso! Na linguagem corporal, trata-se de uma rendição! São justamente esses sinais que levam os homens a afirmar: "Ela simplesmente não é durona o suficiente para os negócios!" Quando alguém a encarar com olhar cruel, fite-o de volta de maneira amigável, porém determinada. Da sua

Comigo não!

parte, você não precisa confrontá-lo também. Um olhar firme com duração de alguns segundos já basta para sinalizar a quem ataca: "Comigo não, meu caro!"

✓ *Mulheres bem-sucedidas dominam o olhar de advertência*. Quando um colega conta uma piada obscena ou que ofenda estrangeiros ou mulheres, muitas mulheres olham constrangidas em outra direção, porque não conseguem conceber que um ser masculino possa ter tamanho mau gosto. Reação dos que a cercam: "Olha só, que gracinha! Isso a deixou constrangida!" Muitos homens também interpretam o sinal equivocadamente e pensam que você ri em silêncio enquanto olha para o chão! Não deixe por menos. Adote um olhar de advertência: fite o interlocutor com firmeza, talvez franzindo a testa ou balançando a cabeça. Mensagem: "Trate de se recompor, colega!" Por isso o ditado: um olhar diz mais que mil palavras. As mães sabem, aliás, manter impecavelmente esse olhar. Só precisam encarar duramente o pequeno para que ele imediatamente tire as mãos do isqueiro.

Trate de se recompor!

✓ *Mulheres bem-sucedidas não nasceram assim*. Todas adquiriram e praticaram algum dia sinais sugestivos como o olhar de alerta. Treine-os. O espelho é um ótimo aliado para tal. Ele lhe mostra exatamente qual a impressão que causa. Treine seu olhar de advertência diante dele até acertar.

Seu aliado, o espelho.

✓ *Mulheres bem-sucedidas também podem olhar com rudeza*. Para muitas mulheres é incômodo sempre ser encarada por alguém. Mulheres bem-sucedidas têm uma receita bem simples contra esse mal: encarar de volta! O fato de essa receita simples ser tão eficaz comprova meramente que os homens não estão mesmo habituados a isso e sequer esperam que aconteça. Se a mulher encara

Encare de volta!

de volta, é o homem que desvia o olhar repentinamente, envergonhado e surpreso. Muitas participantes de seminários me garantem que esse é um pequeno triunfo que dá prazer, e que as mulheres deveriam desfrutá-lo diariamente. Como dizia Gloria Steinem: *"Cause it's really, really good for you!"*[2] Aliás: não se sorri ao encarar!

✓ *Mulheres bem-sucedidas têm consciência do seu sorriso.* A maioria das mulheres sorri automaticamente quando olha para alguém. Por isso elas parecem tão amáveis e gentis: porque sorriem demais. Mulheres bem-sucedidas que continuam femininas não aparentam ser tão carrancudas quanto os homens, e também sorriem – mas moderadamente. Na-

Sorria, mas moderadamente!

turalmente, não quando é inoportuno, mas quando o querem de forma totalmente consciente. Atente para o seu sorriso! Ele é um bem precioso. Não o esbanje. Mostre-o quando ele fizer bem a todos – incluindo você!

Manter a postura

Os homens andam, ficam em pé e se sentam diferente das mulheres. Podemos ver isso muito bem no dia a dia – mas normalmente não pensamos um segundo sequer nas devastadoras consequências que tem para a vida profissional das mulheres. Examinemos alguns sinais que explicam de onde vem a imagem típica de homens e mulheres.

---

2. "Porque é muito, muito bom para você!" [N.T.].

Postura	Efeito
Homens...	*Homens...*
... ficam em pé de pernas abertas.	... levam a vida com os pés no chão.
... ficam em pé relaxadamente recostados.	... são espontâneos, sossegados, soberanos.
... andam com as pernas afastadas, rápido, com passos largos.	... são importantes, ocupados, determinados.
... sentam-se de pernas abertas e com cotovelos afastados.	... ocupam espaço, são importantes.
Mulheres...	*Mulheres...*
...geralmente ficam em pé sem muita tensão: peso sobre uma perna, um pé à frente, cotovelos junto ao corpo.	...parecem estreitas e frágeis por isso – um toque basta para fazê-las tombar.
...andam com passos pequenos, braços colados ao corpo.	...são bonitas de se ver quando andam; mas beleza não ajuda a se imporem ou a serem levadas a sério – muito pelo contrário.
...sentam-se muito com as pernas grudadas, ou entrelaçadas às da cadeira.	...parecem constrangidas, inseguras e tensas por isso.

Assustador, não é? Ela ali, inofensiva, sentada à mesa de reunião – e já a veem como tensa e estraga-prazeres! Realmente é estúpido, mas pode acontecer. E não precisa ser assim.

Mulheres bem-sucedidas se mantêm eretas

Observando mulheres bem-sucedidas, nos chama a atenção o fato de terem postura totalmente diferente. Em primeiro

Imagem 4: Em pé, os homens mantêm ambas as pernas firmes no chão, enquanto as mulheres tendem a balançar entre elas

Distribua o peso do corpo em ambos os pés. lugar, diferente das mulheres menos prósperas. E, em segundo, inteiramente distinta da masculina. Cabe a nós estudar o seu exemplo.

✓ *Mulheres bem-sucedidas levam a vida com ambos os pés no chão.* Quando de pé, não assumem a postura de alívio de tensão típica das mulheres (vide páginas anteriores) – ficam com o peso do corpo dividido igualmente entre ambas as pernas. Os pés ficam paralelos, não um atrás do outro. É claro que não ficam tão afastados quanto os dos homens – o que é lógico, não é? Elas não são homens, por isso não assumem a posição de um. Ficar de pé corretamente não é nenhum grande gesto. Você consegue. Experimente treinar diante do espelho do armário. Que efeito isso causa em você? Certamente um bem diferente da posição comum de pouca tensão. Se durante essas primeiras tentativas também quiser trocar os sapatos que usa, vá em frente. Saltos altos demais dão a impressão de muita instabilidade (não sem razão). Consequência: a mulher fica em pé trocando de perna. Essa não é uma imagem que a faz ser levada a sério no trabalho.

✓ *Mulheres bem-sucedidas não se fazem parecer mais estreitas do que são. Mulheres têm constituição diferente da dos homens.* Os ombros dos homens são constituídos de tal forma que, quando junto ao corpo, os braços tendem a girar para fora – por isso os cotovelos afastados. Já nas mulheres, os cotovelos costumam se encaixar no "vão" da cintura. Então as mulheres se fazem de estreitas porque sua constituição realmente o é. Isso não quer dizer que a mulher esteja fadada a sofrer por sua genética.

Liberdade aos cotovelos!

Muitas mulheres intensificam ainda mais sua aparência estreita pressionando os braços contra o corpo quando andam ou ficam em pé. Não faça isso! Deixe os braços penderem livres, soltos e relaxados – é justamente assim que você vai parecer fazendo isso. Ao fazê-lo, os cotovelos podem tranquilamente girar para fora – claro que não tão afastados quanto em um homem, pois você não é um, afinal. Não se faça parecer menor. Ocupe mais espaço – também ao se sentar. Não sente-se com os cotovelos apertados. Liberdade aos cotovelos! A analogia faz sentido: os homens conquistam mais espaço na vida porque fisicamente se dão essa mesma liberdade. Então liberte um pouco a si mesma – e os seus cotovelos. Treine na frente do espelho. Pressione os braços junto a si, e então vá soltando-os. O que seria demais? Qual é a medida certa para você?

✓ *Mulheres bem-sucedidas sentam-se diferente.* Não enrosque as pernas uma na outra ou nas da cadeira. Essa posição parece tensa, insegura, infantil, encolhida. Simplesmente cruzá-las parece mais autoconfiante. Quando não se está vestindo saia, também é possível manter as pernas paralelas ao sentar. E quando ninguém está olhando (na sua própria sala, por exemplo), tanto faz como você se senta.

Não enrosque as pernas na cadeira!

✓ *Mulheres bem-sucedidas andam diferente.* Andam eretas, mesmo de salto alto. Não é à toa que andar de cabeça erguida é sinônimo de dignidade. Essa é a impressão que você desperta. Isso também quer dizer: use os sapatos certos! Equilibrar-se batendo os saltos por aí de fato pode lembrar os filmes de Hollywood – mas levá-la a sério assim ninguém vai de verdade.

Treine o "andar ereto"!

✓ *Mulheres bem-sucedidas não ficam se balançando.* Um sinal corporal involuntário frequente de se observar é, de pernas cruzadas, balançar a ponta do pé de cima. Observe ao assistir programas de entrevistas e debates – metade das mulheres fazem

Balançar-se sinaliza tédio.

isso. Elas geralmente não reparam que o fazem, ao contrário do interlocutor – pois esse sinal chama tanto a atenção quanto um lenço vermelho. Ele sinaliza tédio, impaciência, nervosismo, insegurança, aborrecimento, oposição... E essa é bem a impressão que você não quer despertar de jeito nenhum. Ainda que esteja morrendo de enfado, não demonstre por meio da linguagem corporal. É melhor tentar verbalizar, pois sempre podemos falar a respeito. Mulheres bem-sucedidas não sacodem a perna – elas expressam verbalmente o seu tédio e assim acabam com ele.

Checklist

✓ Adquira consciência: uma postura corporal involuntária pode ser benéfica para os homens, mas para as mulheres tende a ser prejudicial.

✓ Preste atenção à sua postura: nem sempre, mas cada vez mais e todas as vezes que quiser causar uma boa impressão ou se impor.

✓ Como você fica quando de pé? Que impressão isso causa? Qual você deseja provocar?

✓ Como você anda? Que impressão isso causa? Qual você deseja provocar?

✓ Como você se senta? Que impressão isso causa? Qual você deseja provocar?

✓ Se for o caso, treine a postura e o caminhar diante do espelho.

Com um só gesto

Também com as mãos as mulheres não fazem igual aos homens; seu gestual é diferente – não completamente, mas em pontos decisivos que compõem a impressão causada por sua personalidade. Como exemplos, os homens raramente brincam com mechas de cabelo, mal tocam no penteado, não afastam cachos da testa, dificilmente levam a mão à boca quando se assustam.

Mãos de homens... Em contrapartida, de vez em quando pousam a mão paternalmente no braço ou ombro de funcionários – principalmente mulheres –, batem na mesa com o punho ou com a palma da mão (o que é difícil de imaginar com mulheres), tocam no peito dos outros com o indicador erguido, comemoram com a mão fechada...

Todos esses gestos se fazem presentes no dia a dia, manifestam-se inconscientemente e também são registrados de forma inconsciente por nós. Justamente por isso chegamos a esse quadro fatal, específico para cada sexo, que prejudica as mulheres na vida profissional (e em outras esferas também). Que efeitos se obtém com esses gestos mencionados?

> **(!)** Sinal corporal: gestual
>
> Efeito dos homens: ressaltam sua importância com as mãos.
>
> Efeito das mulheres: ressaltam sua atratividade com elas.

Ser atraente é bom, e literalmente belo – mas só com isso as mulheres não vão longe. Contradizendo os populares contos de fadas, bem poucas mulheres são nomeadas gerentes de projeto, departamento e área devido à sua atratividade. Ser atraente ajuda pouco quando se trata de se impor e conquistar o que lhe cabe. Não é pelo fato de as mulheres eventualmente serem menos atraentes que os homens que suas propostas são notoriamente menos consideradas, aplicadas e reconhecidas. Não é por isso. Ser atraente é bom. Mas quando essa é a única coisa que somos ou a única impressão que causamos, é pouco demais para receber no trabalho aquilo que nos compete.

O que fazer com as mãos?

Checklist

✓ Em situações importantes, preste bastante atenção no que suas mãos fazem, e guie-as com leveza.

✓ Indague a si mesma: O que minhas mãos estão dizendo sobre mim agora? É isso o que eu gostaria de dizer sobre mim? Caso não seja, o que posso fazer? O que minhas mãos podem fazer?

✓ Sobretudo, perca as chamadas manias, assim por dizer: como espremer as mãos entre os joelhos ou sob uma perna ao se sentar.

✓ Atente para gestos típicos de insegurança ou tédio: apertar as mãos, mexer nas joias, brincar com as roupas ou o cabelo, girar os polegares...

✓ Quando estiver nervosa, não permita que seu nervosismo venha à tona por meio do gestual. Escolha um outro ritual: girar os polegares dentro do sapato, por exemplo, é algo que ninguém vê.

✓ Todavia, quando quiser alertar de forma não verbal ao interlocutor que está entediada, utilize esses gestos conscientemente. Um exemplo é, com o olhar ausente, brincar com a caneta o tempo que for necessário para o outro perceber que deve ir direto ao ponto.

✓ Afastar o tempo todo do rosto uma mecha de cabelo rebelde – isso é algo que mal percebemos, porque é automático. Mas um tique como esse pode deixar o interlocutor maluco – e não é essa a impressão que queremos despertar. Mantenha um penteado apropriado para o trabalho!

✓ Use suas mãos para reforçar o que você diz – não para ressaltar seu penteado ou suas roupas.

✓ Antes de usar esses gestos de reforço, observe-os sem falta na frente do espelho – pois, sem esse controle, até mulheres de negócios mais experientes escorregam neles, que podem acabar tão pomposos e artificiais a ponto de parecerem ridículos. Essa não é a impressão desejada.

✓ Não repita certos gestos com frequência demais – mesmo que lhe pareçam expressivos.

✓ Não deixe suas mãos "flanando" – da caneta para o cabelo, do cabelo para a roupa, da roupa para os documentos e então de volta para a caneta – e tudo isso em menos de cinco segundos.

✓ Mantenha suas mãos calmas e sublinhe o que diz de forma comedida e pontual.

✓ Entrelaçar mãos e dedos são gestos que refletem insegurança e busca por apoio e fazem parecer reservada e obediente. Observe se essa impressão é adequada à situação.

✓ Você pode muito bem falar, pensar e ainda prestar atenção aos gestos ao mesmo tempo. É possível – mas só depois de um pouco de treino. Depois disso, no entanto, torna-se automático, sem que tenha que pensar nisso.

✓ Pode contar que, depois de poucos dias, o seu novo gestual já lhe dará imenso prazer.

✓ Repare conscientemente como os outros reagem aos seus sinais e fique satisfeita com o resultado: pequenos gestos, grande efeito.

Gestos ritualizados

Que as mulheres falam e lideram de maneira diferente dos homens é algo que já sabemos. Chama a atenção em profissionais bem-sucedidas o fato de muitas delas terem o gestual muito aperfeiçoado: tornaram-se quase mestres na linguagem corporal. Enquanto os colegas do sexo masculino precisam se impor com esforço, barulho e didatismo exagerado, essas mulheres usam os sinais gestuais de forma absolutamente consciente. Funciona como mágica.

 Olga, por exemplo, nunca precisa pedir a um funcionário para ir direto ao ponto nas reuniões das segundas-feiras – apenas olha nitidamente para o relógio no pulso. Eles entendem a indireta e obedecem rápido. Antes ela chamava sua atenção olhando para o relógio e pedindo com palavras. Hoje ela não precisa dizer mais nada, pois todos sabem o que o seu olhar para o relógio significa.

A gerente de setor é dona de muitos gestos semelhantes, para os quais treinou seus funcionários (a especialista fala em condicionamento). Quando deseja, por exemplo, repreender vigorosamente um colaborador, ela sempre puxa seus óculos mais para a frente, para poder olhar para ele por cima da armação. Os funcionários já internalizaram tanto esse gesto que Olga só precisa pegar nos óculos para colocá-los na linha ou fazer com que se desculpem – sem necessidade de dizer sequer uma palavra. E quando Olga acha um projeto, um conceito ou uma sugestão de um funcionário bons, simplesmente estende a mão em sua direção, em silêncio e com um sorriso – para que ele lhe entregue seu papel ou projeto. Assim, no seu departamento dizem que um projeto recebeu a "mão aberta", em vez do "sinal verde". Os funcionários amam esses pequenos rituais. A linguagem corporal pode ser bem mais inspiradora que a língua falada quando é aplicada conscientemente.

Um rosto que diz muito

Os homens se impõem mais rápido, fácil e frequentemente que as mulheres. Eles recebem mais reconhecimento por um desempenho menor. São mais ouvidos e levados em consideração. Se você quer saber o porquê, basta observar ambos os sexos no cotidiano profissional. É interessante e trágico ao mesmo tempo. Tomemos como exemplo uma frase bastante comum e cotidiana no diálogo entre superior e subordinado: "Assim não dá!"

Quando um superior diz essa frase, o funcionário corrige imediatamente o seu erro. Mas quando uma chefe do sexo feminino diz a mesma frase, o funcionário primeiro começa a se justificar, protestar ou então se mostra ofendido. Por quê? Para saber, antes precisamos examinar a expressão facial (vide Imagem 5). O chefe aparenta estar muito resoluto e realmente irritado, enquanto a chefe parece mais compadecida e piedosa. É claro que ambos o fazem absolutamente sem consciência! É isso o que é trágico. Paradoxalmente, a atitude irritada do homem logo é recompensada, enquanto a linguagem corporal conciliadora da mulher é imediatamente punida – também de maneira inconsciente e automática. Por isso, vale muito a pena moldar sua própria expressão facial para receber o que deseja alcançar.

Trabalhe o seu sorriso

As mulheres sorriem muito mais que os homens. E se isso traz vantagens na esfera privada, na vida profissional é uma receita fatal de autossabotagem. Como o sorriso é uma reação in-

Imagem 5: "Mas assim não dá!" Qual dos dois rostos contribui mais para essa frase ter o efeito desejado?

consciente e automática, as mulheres também sorriem fora de hora sem querer e automaticamente, por exemplo:

✓ Quando um colega conta uma piada **Não sorria, por favor!** constrangedora. Com isso você deseja dissimular o seu constrangimento, mas o colega compreende equivocadamente como sinal de aprovação.

✓ Quando o chefe ou a chefe lhe passam um sermão. Com isso você deseja aguentar a bronca sorrindo, mas o chefe entende completamente errado e sente-se provocado, de forma a repreender com ainda mais força, o que deixa a mulher ainda mais abalada, que por isso sorri ainda mais firme...

✓ Quando um funcionário ou colega fez uma besteira – para não tornar a situação tão difícil para ele. Ele, no entanto, entende errado e pensa: "Ah, não foi tão mal assim!"

Pode sorrir – mas conscientemente!

O contato visual com um sorriso parece amigável e gentil. E sem sorriso, dependendo da expressão facial, ele pode parecer ameaçador, sério, cético, grave ou preocupado. Então pergunte-se sempre: Que impressão quero causar agora? Simpática ou competente? Dependendo da resposta, modifique sua expressão facial. Isso é, aliás, algo mais rápido que ler estas linhas. Essa reação mental consciente da expressão facial é algo que se consegue com pouco treino, em frações de segundo.

Muitas mulheres também sorriem diante de piadas bobas, importunações, constrangimentos e até mesmo quando mexem com elas. Elas sorriem "apesar de". Por quê? Porque com isso querem dissimular sua insegurança.

Não faça isso. Pois assim você só provoca novas impertinências – já que, pelo seu sorriso, o importunador interpreta que você gostou! Infelizmente, muitos casos de assédio sexual devem-se justamente a esse sorriso equivocado.

Perca totalmente o hábito do "sorriso de apesar de"

Pois onde não há nada para rir, também não há para sorrir. Quando alguém mexer com você, sua expressão facial deve mostrar que é isso o que está acontecendo – caso contrário, a pessoa irá continuar! Quando seu chefe está falando a sério com você, sua expressão facial também deve ser séria – senão ele sentirá que não está sendo levado a sério! E como perder o costume do sorriso de "apesar de"? Muito simples: prestando atenção nele. Isso já basta na maioria dos casos. Quem se sentir melhor assim também pode participar de algum seminário de linguagem corporal em que isso seja bastante treinado. Um bom instrutor também pode ajudar – sendo que, por razões evidentes, o instrutor de uma profissional no tema da linguagem corporal também sempre deve ser do sexo feminino.

> Onde não há nada para rir também não há para sorrir.

Na vida profissional, muitas mulheres também sorriem quando precisam transmitir notícias ruins, corrigir erros, fazer críticas ou dar *feedback* negativo. Por quê? Muitas dizem: "Eu não quero ser dura demais com as pessoas. O que tenho a dizer já é duro o suficiente. É por isso que elas dizem sorrindo coisas como "sinto muito, mas assim não dá para continuar!" Embora a intenção seja boa, isso não funciona nem um pouco. A razão é o princípio de dominância da linguagem corporal.

 Princípio de dominância da linguagem corporal: se a mensagem verbal e a não verbal se contradizem, o receptor acredita na não verbal.

Isso deve fazer sentido para você, que já tem em mente a proporção dos efeitos (conforme o Capítulo 1): o que dizemos influencia os outros em apenas 7%. Por sua vez, a forma como nós dizemos (linguagem corporal e modulação da voz) os influencia 93%. Por isso, é lógico que tendam a crer mais na sua mensagem não verbal.

Não transmita mensagens contraditórias: a linguagem verbal e a não verbal precisam condizer se você quer ser compreendida e parecer convincente.

Se não estiverem em harmonia, você enviará mensagens discrepantes que:

✓ não serão compreendidas;

✓ deixarão o seu interlocutor confuso;

✓ a prejudicarão quando todos perguntarem: "Mas o que ela quer, afinal?"

 Se quiser fazer uma cara positiva ao dar uma notícia ruim, faça-a antes e depois, mas não simultaneamente.

Exemplos de como isso pode ser feito:

✓ "Infelizmente ocorreu um erro grave." (Aqui ainda se indica um sorriso de lamento.)

✓ "Nosso cliente, o Sr. Meier, recebeu a entrega errada, e agora está aborrecido." (Aqui não se deve sorrir, pois isso anularia toda a mensagem.)

✓ "Eu espero de vocês que deem tratamento especial a clientes de primeira classe." (Aqui também olhar e expressão sérios.)

✓ "Vocês com certeza conseguem – e assim não haverá mais problemas no todo." (Aqui é perfeito sorrir novamente – pois o sorriso motiva o funcionário a realmente seguir suas instruções.)

Quando as mulheres dificultam

Na vida profissional, as mulheres frequentemente têm a má fama de serem estraga-prazeres, céticas, megeras, agourentas e pessimistas, e por isso são podadas, reprimidas, pouco reconhecidas, prejudicadas e discriminadas. Por essa razão, algumas mulheres pensam duas ou três vezes antes de sequer abrir a boca no projeto, na equipe ou na reunião – mas, via de regra, não é exatamente esse o motivo da sua reputação. Ela não se deve ao que é verbal, mas ao que é não verbal.

 Examinemos um exemplo: Frank está contando a Petra sobre sua nova ideia de projeto. Está completamente entusiasmado, embora sua ideia seja impensável.
Mas Petra não lhe diz isso, porque ninguém quer ser grosseiro, afinal. No entanto, Frank diz a Stefan a seguir: "Por que raios a Petra pensa que é a melhor?" Porque ela não está consciente do efeito que provoca (ver Imagem 6).

Muitas mulheres demonstram frequentemente, sem ter consciência, sinais não verbais de rejeição ou irritação. Elas não dizem nada, mas demonstram (inconscientemente). Isso magoa muito mais o interlocutor. Dizer francamente ainda poderia dar **O olhar de "Deus me acuda"!** abertura para uma conversa, mas "toda vez que a Petra faz aquele olhar de 'Deus me acuda'", diz Frank, "eu já sei o que ela pensa de mim!"

O mais trágico é que até as mulheres mais competentes e talentosas padecem desse fenômeno. Em muitos ramos nota-se que justamente elas estão na "lista negra" e são discriminadas pelo chefe, enquanto a (desculpe) loira bonitona da recepção é a queridinha dele. Por quê? Porque a loirinha arregala os olhos quando o chefe gaba-se de uma ideia nova, enquanto a funcionária competente inconscientemente franze a testa quando ele proclama suas últimas utopias na reunião – para vários chefes isso já basta para ir parar na lista negra. Principalmente quando se envia tais sinais inconscientes o tempo todo.

Elimine o hábito de fazer sinais inconscientes de rejeição

Recomenda-se que as mulheres procurem o apoio de uma instrutora de linguagem corporal quando se habituam aos sinais de rejeição e eles tornam-se uma prática consolidada – pois muitas vezes não é possível livrar-se desse velho costume sem ajuda especializada. Muitas mulheres, por exemplo, franzem a testa, mordem o lábio ou contraem as sobrancelhas automaticamente quando estão ouvindo algo com especial atenção. O interlocutor possivelmente entenderá, porém, como rejeição! Então o que elas devem fazer, se já franzem a testa há 35 anos enquanto ouvem e sequer o percebem? Procurar uma boa instrutora.

Enquanto esses sinais de rejeição transcorrerem inconscientemente, estarão prejudicando as mulheres. E aplicados com consciência, eles valem ouro: por meio das expressões, é possível comunicar às outras pessoas o que

Aplique conscientemente os sinais de rejeição!

pensamos do que foi dito ou mostrado – sem usar qualquer palavra ruim. O ato de levantar as sobrancelhas com espanto

Imagem 6: Evite sinais inconscientes de rejeição

Imagem 7: Puro ceticismo!

Imagem 8: O olhar de "Deus me acuda!"

desencadeia, por exemplo – e o principal: inconscientemente –, uma explicação do interlocutor. Morder o lábio sinaliza indecisão, que o interlocutor pode eliminar melhorando sua oferta – sem que seja necessário pedir!

Usando o poder de persuasão

Como nos lembramos, 38% do nosso efeito depende da modulação da voz. Os homens têm, via de regra, voz grave e lenta, que sugere seriedade, autoridade, confiança, responsabilidade e assertividade – também em mulheres, aliás. Mulheres em geral falam mais agudo e rápido – uma desvantagem natural do sexo feminino, por assim dizer.

Se quer que a levem a sério, a ouçam e respeitem suas ideias; se deseja avançar e receber o reconhecimento que lhe cabe, sua voz não deve soar:

✓ infantil;

✓ ingênua;

✓ rápida ou aguda demais;

✓ chorosa, ou

✓ repreensiva.

Pelo contrário – você deve ter uma voz "adulta": controlada, bem modulada, que faça que a levem a sério; também refletida, autoconfiante e tranquilizadora, porém vigorosa. E por mais insólito e difícil que seja:

O melhor recurso para melhorar a voz é o gravador

Fale em um gravador e escute a si própria. Isso às vezes é um grande sacrifício, pois muitas vezes ficamos realmente chocadas: "O quê? É assim que me ouvem?" Mas essa sensação passa rápido. Se não passar, você ainda poderá recorrer a um treinador de voz – que é o que membros de diretoria e outras gestoras de alto nível fazem com bastante frequência. Você sabe: a voz é um instrumento de liderança.

A gravação tem, sobretudo, uma grande vantagem: usando-a você pode eliminar vícios de fala. Não se assuste, porque vícios assim todos nós temos. Não é nada de especial nem de ruim. Tiques frequentes são, por exemplo:

Tiques da fala.

- ✓ Subir um pouco mais o tom no fim de cada frase (isso parece inseguro, pois soa como se a mulher pusesse o tempo todo em questão suas próprias afirmações);
- ✓ corrigir-se ou atrapalhar-se frequentemente;
- ✓ falar de forma monótona demais;
- ✓ expressar-se com ar professoral demais;
- ✓ falar sempre com repreensões subliminares;
- ✓ repetir constantemente as palavras prediletas.

Quais tiques você descobre em si mesma? Perca esses hábitos. Como? Com atenção: tomando consciência do que é inconsciente e observando-o. Simplesmente ouça a si mesma enquanto fala (é fácil) e pratique, pratique, pratique. Aliás: a melhor amiga ou outra pessoa de confiança também pode chamar sua atenção para seus tiques de linguagem caso você lhe peça. Para tal é preciso, contudo, saber lidar com *feedback*: você não deve punir o outro por sua opinião sincera a seu respeito, mesmo que lhe seja desfavorável.

As pessoas são o que vestem

O que cobre o corpo também faz parte da linguagem corporal:

Checklist

✓ É imprescindível que o que você veste seja apropriado para o *dresscode* – o código de vestimenta – do seu local de trabalho.

✓ Dizendo claramente: no ambiente de trabalho, o seu estilo próprio é consideravelmente *out* – a não ser que, por acaso, combine com o *dresscode*.

✓ Uma vez seguindo o *dresscode* no geral, você pode tranquilamente afrouxá-lo com pequenos toques próprios de estilo.

✓ Você também pode se vestir um pouco melhor – mas nunca melhor que o chefe, e nitidamente melhor apenas que os colegas, se tiver alguma pretensão profissional.

✓ Tanto faz o que você vista: jamais pode parecer barato, desleixado ou desalinhado. Visto que os sinais da linguagem corporal se transpõem para a personalidade (o chamado Efeito Halo – halo significa irradiação). Pois as pessoas não dizem "ela se veste com desleixo", mas: "ela é tão desleixada!" – embora não seja necessariamente verdade. Mas, infelizmente, o que vale é: as pessoas são o que vestem. Quem se veste com desleixo, também é visto como desleixado.

✓ Sob qualquer circunstância, evite o exagero: maquiagem demais, acessórios demais, perfume, cor, roupas de marca demais...

✓ Você pode, a seu gosto, vestir-se de maneira atraente – mas nunca atraente demais. Sua principal prioridade não é parecer atraente, mas ser levada a sério. E isso só acontece quando também se parece competente.

✓ Por outro lado, não se vista de jeito nenhum como a sisuda sem sal. Quem não é notado também não é levado a sério.

✓ Coordene entre si os seus diferentes cheiros. Hoje em dia tudo tem perfume: sabonete líquido, xampu, loção corporal... Tudo deve combinar, sem "brigar".

Quanto mais curta a saia, melhor?

Indiscutivelmente, o *checklist* acima parece bom – mas não é o que acontece! Quando observo mulheres na vida profissional, a cada par de corredores e escritórios eu me pergunto se algumas delas realmente sabem o que estão fazendo ali. Se elas sabem que saias curtas ficam ainda mais curtas ao se sentarem, e que assim todos os colegas só olham para uma coisa. Se elas sabem quais de suas blusas ficam transparentes, qual calça acentua de forma desfavorável o bumbum e que o escritório inteiro só está falando num assunto hoje: se ela está ou não usando algo por baixo dessa jaqueta.

 Toda mulher deve refletir sobre suas roupas de trabalho, e realmente se perguntar toda manhã diante do espelho do armário: OK, gostei disto agora, mas que efeito terá, e sobre quem? É esse mesmo o efeito que quero ter?

Aliás: uma consultoria de cores faz bem a qualquer mulher. Principalmente quando deseja se impor mais ou fazer maiores

Permita-se o luxo de uma consultoria de cores!

progressos. As pessoas gostam de supor que as mulheres têm naturalmente um bom olho para cores. Isso é um mito que só quebramos ao ver mulheres vestindo uma cor que absolutamente não combina com elas.

Areia demais?

Ficou levemente embasbacada? Por ter descoberto em si tantos sinais corporais reveladores que não têm o efeito que você gostaria que tivessem? Não se dê por vencida! Simplesmente vá devagar. Não queira fazer tudo de uma vez: comece dos detalhes bem pequenos. Mesmo os menores progressos são melhores que a inércia, e sobretudo melhores que, de pura prostração, deixar tudo como está. Seja para si mesma uma boa companheira, amiga e razoável, no processo de mudança da sua presença, e comece de algum lugar – mas jamais pelo que há de maior e mais difícil. Comece pelas beiradas,

Não comece pelo mais difícil!

aprendendo qual a melhor forma de mudar a sua linguagem corporal, e cresça a partir desses pequenos progressos. Tanto faz, aliás, com o que você vai começar. Pois na linguagem corporal tudo é interconectado – e você passará por tudo em algum momento.

3

Apresentações, reuniões, palestras

O princípio das apresentações: mostre-se!

Karin e Frank gerenciam um grupo de produtos cada. Ao menos três vezes por mês, Frank faz sua "demonstração", como ele próprio a chama. Ele faz apresentações, comanda reuniões e de vez em quando também apresenta palestras para treinamento de funcionários ou clientes. Karin observa sacudindo a cabeça: "Ele não tem nada melhor para fazer? Enquanto ele faz seu nome ali na frente, os funcionários fazem o trabalho dele!" O Sr. Müller é o chefe de Karin e Frank. Ele acha que ambos têm as mesmas competências técnicas e sociais. Qual deles ele promoverá quando o cargo de Gerente de Produto Sênior ficar vago no próximo outono? Nas reuniões ele aceita com mais frequência as sugestões de quem? Para quem ele tem mais tempo quando se trata de decisões pendentes? Para quem ele eventualmente faz vista grossa diante de um orçamento excedido? Qual deles ele prefere de forma declarada? Quem nitidamente recebe mais reconhecimento seu? Com certeza você já adivinhou: Frank.

Essa nítida preferência já foi notada por todos no departamento. Algumas mulheres fazem o seguinte comentário: "Isso é tão típico! Mulheres precisam ter o dobro do desempenho pra receber só metade do reconhecimento dos homens!" Isso não é injusto? Certamente. Mas também é algo mais: é lógico. É inevitável. Pois Karin é invisível aos olhos do seu superior.

 E quem se faz invisível precisa trabalhar o dobro para receber metade do reconhecimento.

Frank é muito mais presente que Karin. Ele conduz reuniões, faz apresentações e palestras. Ele está presente onde importa – onde pode causar uma impressão mais profunda em superiores, colegas e funcionários. Frank é mais bem tratado que Karin e recebe mais rápido o que deseja não porque seja mais competente tecnicamente – o que não é –, mas porque se faz mais presente.

Presença é mais importante do que competência: A competência é útil, a presença é decisiva

Não é uma porcaria? O desempenho não é mais premiado? Será que o "trabalho de verdade" conta tão pouco? Os superiores permitem que os passem para trás assim tão fácil? Sim. É verdade que há exceções, mas, via de regra, quem se mostra é premiado – em concursos de miss, aliás, não funciona diferente. É justamente esse um dos efeitos mais impressionantes da linguagem corporal sugestiva:

Quem se apresenta é compensado.

Quem causa boa impressão cativa as pessoas. Para tal impressão, na maioria dos casos costuma bastar a simples presença na oportunidade certa.

Frank se sobressai positivamente para seu chefe com bem mais frequência que Karin. Ele o vê em ação muito mais vezes. Ele o presencia em pessoa com mais regularidade. O Dr. Müller conhece Karin quase apenas por seus relatórios de trabalho – e eles não causam metade da impressão que alguém causa pessoalmente.

"Mulheres precisam ter o dobro do desempenho pra receber só metade do reconhecimento dos homens!" Esse dito só está na boca de quem ignora ou não conhece o poder da presença – ou de quem quer se esquivar de trabalhar na sua apresentação pessoal. Visto assim, por trás dessa frase há mais uma desculpa cômoda que qualquer potencial emancipatório de protesto. Pois não devemos esconder nosso ouro. Com as virtudes ocultas, é muito difícil ser percebido e reconhecido.

Mostre-se em apresentações, reuniões, palestras e demais eventos de exposição. Só de pensar já experimenta uma sensação ruim? Você não está sozinha.

O paradoxo das apresentações

Frank se apresenta e comanda discussões cerca de 3 a 4 vezes mais que Karin. Mas quando Karin chega a se apresentar de fato, os ouvintes se entusiasmam com ela. Não é só com Karin que é assim. Isso também se confirma em nossos seminários sobre apresentações:

✓ Os homens gostam de se apresentar, e o fazem bem.

✓ As mulheres não gostam, mas o fazem melhor.

Os homens frequentemente pensam ser os oradores natos – mas na maioria dos casos não são. As mulheres conduzem apresentações melhor. Tanto faz qual possa ser o motivo, isso provoca um paradoxo:

> O paradoxo das apresentações: embora as mulheres se apresentem melhor, elas o fazem muito menos que os homens.

Elas delegam apresentações e outras oportunidades de apresentação pessoal a colegas ou membros da equipe, negam propostas de apresentações, deixam os colegas darem o passo à frente. Sempre com boas justificativas, como: "Não posso, não tenho tempo. Estou no cliente. Tenho um prazo que preciso cumprir. Estou apagando incêndios. Preciso cuidar de coisas mais importantes!" Todas são boas razões. Mas o verdadeiro motivo é outro:

Não posso...

Ficar sob os holofotes é desconfortável para muitas mulheres

Ser o centro das atenções é, para muitas pessoas, estranho, não merecido e motivo para insegurança. Elas se sentem encaradas e, frequentemente, despidas sob o olhar dos outros. Muitas vezes com razão, se observarmos para onde os colegas e chefes olham durante uma apresentação feita por uma mulher. "Os sujeitos olham mais para a barra da minha saia que para os meus gráficos", comentou recentemente uma das participantes dos meus seminários. Mesmo quando

A violeta no musgo está fora de moda!

não é assim, muitas mulheres sofrem as consequências tardias de uma educação equivocada profundamente arraigada: "Seja como a violeta no musgo, modesta, pura e recatada; e não como a rosa afetada, que anseia ser sempre admirada". É inconcebível, mas esse verso pré-histórico do tempo das amas aparece ainda hoje em cadernos de poesia! Quem desde a tenra idade acredita piamente em ditados como esse terá a linguagem corporal prejudicada pelo resto da vida. Não é nenhuma surpresa que os homens se imponham no trabalho! Com esses ditos como o das violetas, faz-se direcionadamente com que as meninas se desabituem desde cedo a se impor. A quem serve uma criação como essa, que deseja manter as mulheres pequenas, discretas e com a barriga no fogão? Às mulheres certamente não. Isso não é nenhuma repreensão a nossas mães e pais – eles muitas vezes também não sabiam como fazer melhor.

Tanto faz por qual razão você possa se sentir incomodada ao pensar em apresentações, discussões e outras oportunidades de se apresentar – faça algo contra isso! Ou não.

Você não precisa querer

Muitas mulheres entendem que não conquistam o que desejam (profissionalmente) simplesmente porque são menos presentes do que deveriam. Mas: "Eu simplesmente não quero. Não gostaria de me apresentar dessa maneira". Não há problema nisso. Se você está totalmente satisfeita com o que conquistou, não precisa percorrer o caminho das autoapresentações. E caso não esteja muito satisfeita com a forma como é tratada e com o que já alcançou, mas acharia muito mais desagradável ficar sob os holofotes com mais frequência, também não precisa reforçar suas apresentações de si mesma. Então escolha o mal que é menor para você.

A apresentação própria é o preço para avançar

Caso não esteja pronta para pagar esse preço, isso não significa que você é uma pessoa ruim. Significa simplesmente que para você esse preço é alto demais, e que não vale a pena. Reconhecer isso alivia demais muitas mulheres: "Não preciso ficar aqui ralando para me promover. Estou totalmente satisfeita com o que já conquistei!"

A satisfação com o *status quo* tem, porém, um complicador: nos nossos tempos de pressão, em muitas empresas já não basta mais estar satisfeito. Pois quem se apresenta de menos é, em certas circunstâncias, o primeiro a ser riscado da lista. Superiores muitas vezes interpretam a carência de autoapresentação como sinal de falta de atividade, de engajamento e, infelizmente, também de competência.

Você não recomenda a si mesma se lhe falta autoapresentação. Mas isso também não quer dizer que, a partir de agora, você precise assobiar e chupar cana ao mesmo tempo.

 Não é preciso apresentar, mediar ou palestrar sempre – mas com frequência suficiente.

A regra geral diz: apresente-se no mínimo na frequência média dos seus colegas. Já é quase o que estava pensando? Que bom. Ao apresentar-se, confie também no seu instinto.

Uma questão de atitude

A maioria das mulheres reconhece que precisam se apresentar para satisfazer seus desejos profissionais. Porém, ainda assim persiste a sensação ruim, o medo dos holofotes, a indignação interior com o fato de ser encarada. É algo normal – mas é possível livrar-se disso.

 Explore sua postura interior, as suas doutrinas: ainda estão gravadas na sua mente fórmulas como "Seja como a violeta no musgo...?"

Muitas vezes nos martelam a cabeça pensamentos como: "Eu não deveria me mostrar sob os holofotes dessa maneira. Não é conveniente. O que os outros vão pensar de mim? Com certeza estão me achando uma presunçosa!" Tais pensamentos inconscientes muitas vezes nos impossibilitam de alcançar o que desejamos e o que nos cabe. Eles nos impedem a realização dos nossos sonhos. Com eles, passamos a perna em nós mesmas. Remedie-os:

Não passe a perna em si mesma!

 Bloqueios inconscientes só vigoram enquanto se mantêm inconscientes. Tome ciência desses pensamentos impeditivos. Assim eles perderão o poder sobre você.

Na maioria dos casos, só é preciso refletir sobre esses pensamentos bloqueadores uma vez, de forma totalmente consciente, para que se tornem pura bobagem à luz da restabelecida razão humana. Depois disso, na iminência de uma apresentação lhe virão automaticamente outros pensamentos como: "Por que não? Não há nada de mais nisso! Eu sou merecedora. Isso me faz avançar". Com tais pensamentos, você ficará confiante para os holofotes sem mais problemas. Resta a pergunta de como você dará conta de ser encarada quando estiver sob eles.

Receita das mulheres bem-sucedidas para tolerar serem encaradas

Talvez também existam alguns homens que acompanham a apresentação, e não a barra da saia, quando uma mulher fala em público – conheço, inclusive, exemplares das duas espécies. Mas piadas à parte: homens encaram. Claro que isso é pouco gentil, constrangedor, inconsciente e incivilizado. Mas até que a maioria dos homens o compreenda, ajuda-nos realmente pouco adotar os ares altivos da indignação moral. A indignação moral até hoje não livrou nenhuma mulher de ser encarada.

Para as mulheres bem-sucedidas no trabalho, esse problema é muito antigo. Elas não são encaradas só em apresentações e palestras. No primeiro contato com o cliente, por exemplo, mulheres em cargos de liderança sequer são notadas em um primeiro momento (enquanto o cliente acha que ela é a secretária e aguarda o gerente "de verdade") – mas, a seguir, são encaradas até mesmo por minutos. Para muitas mulheres isso é puro horror. Mas geralmente não para mulheres que conseguiram conquistar o que desejam na vida e no trabalho. Elas, que são exemplos invejáveis, desenvolveram muitas receitas inteiramente pragmáticas contra serem encaradas.

Uma das minhas alunas de *coaching* tem uma receita muito simples: "Quando sou encarada, eu encaro de volta". Ela diz: "Eu mostro aos homens quem consegue encarar por mais tempo. É verdade que é comum eu ficar um pouco desconfortável – mas as consequências são, em compensação, mais agradáveis. Até agora todos os homens entenderam o que quero lhes dizer com isso, e cederam". Aliás: trate de não sorrir enquanto encara de volta! Esse é um sinal corporal desastroso e comum de observar: quem sorri não consegue encarar! E por que não? Porque provoca o efeito errado! Um homem que recebe um sorriso ainda se sente recompensado por encarar! Com isso, vemos mais uma vez como pode ser vantajoso saber dominar a linguagem corporal. Com um olhar impassível, você diz ao homem melhor que com mil palavras: "Pare com isso!" É essa a força da linguagem corporal sugestiva.

Quem é capaz de encarar por mais tempo?

 Uma gerente de departamento de uma empresa química do norte da Alemanha, que é realmente atraente, continua sendo abertamente encarada mesmo depois de 20 anos de profissão. Sua receita: "Que diferença faz para o carvalho se um porco nele se coça? Eu simplesmente ignoro. Tenho coisas melhores a fazer".

Essa é, definitivamente, uma receita um pouco extrema. Mas a receita universal é que não existe receita universal. Qual é a melhor no seu caso é algo que só você pode decidir.

Examine as diferentes fórmulas. Escolha aquela que lhe serve, a que lhe dará uma boa sensação, sem precisar mudar quem

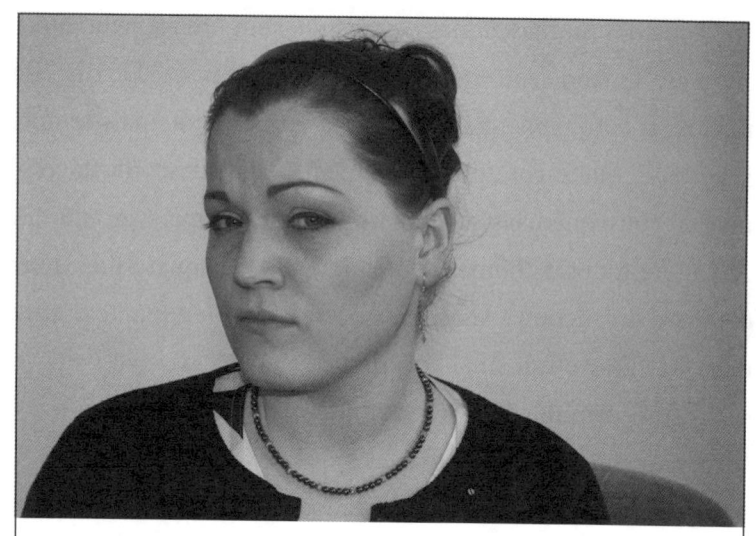

Imagem 9: Não desvie o olhar quando for encarada. Encare de volta!

você é. Também é possível desenvolver receitas próprias ou modificar as disponíveis para combinarem com você. Qualquer coisa é melhor do que não ter nenhuma fórmula, e do que o desamparo. Algumas participantes dos meus seminários seguem uma receita assombrosamente fácil:

"Eu simplesmente interpreto o olhar dos homens como um elogio! Afinal, eles não encaram sem motivo!" Nos Estados Unidos, essa fórmula de autoconfiança já se consolidou no uso do idioma: "Give'em something to stare at!" Dê motivos para olhar, garota! É claro que essa receita pressupõe uma boa porção de autoconfiança e uma pitada de coquetice. Quem tiver dos dois gostará bastante da fórmula. Mas quem não tiver, é melhor se manter longe dela. Uma receita que não combine com você mais atrapalha do que ajuda!

Muitas mulheres também temem ser encaradas por pensarem: "Só estão me olhando assim porque meu cabelo não está bom! Porque a calça está marcando o bumbum. Porque minhas pernas são grossas demais. Porque..." Algumas conseguem se livrar dessa sensação desconfortável simplesmente imaginando que as pessoas estão olhando através delas. Outras imaginam quem está encarando só de cueca. E outras dizem para si: "Isto é uma apresentação, não um concurso de miss! Senão eu teria aparecido aqui de biquíni! Aqui o que importa é o conteúdo. Todo o resto não interessa!" Neste ponto uma velha confusão é desfeita:

 Os homens não encaram o que os desagrada. O olhar dos homens é atraído por qualidades, não por defeitos.

Ou você diria que o busto da Pamela Anderson é um defeito aos olhos dos homens? Exatamente. Com mulheres funciona diferente. Quando uma loira corpulenta desfila pela empresa, as mulheres logo olham: "Usando *legging* com essas pernas gordas – inacreditável!", enquanto os homens só têm uma coisa na cabeça: "Mas que belo traseiro!" A esta altura já sabemos que homens e mulheres são diferentes – foi isso, afinal, o que a literatura popular esteve pregando insistentemente nos últimos anos. Uma das diferenças é esta: mulheres olham defeitos, homens olham qualidades.

Mulheres olham defeitos, homens olham qualidades.

 Quando um homem a encara, você pode ter absoluta certeza de que ele gosta do que está olhando.

Você não precisa gostar – mas ficar irritada, menos ainda! É inofensivo. Para mulheres inteligentes, homens que encaram não são nenhum desafio intelectual. Para a maioria dos homens, aliás, isso é constrangedor – depois. Porque quando estão encarando, eles na maioria das vezes sequer percebem.

A propósito, o prêmio de reação mais coquete vai para uma participante dos meus seminários que é realmente capaz de se dirigir com palavras aos homens que a encaram: "E aí, está gostando do que vê?" Nove entre dez homens ficam imediatamente constrangidos ao serem apanhados encarando. E com nove entre dez, desenvolve-se a seguir um diálogo bastante útil. É admirável e bem-vindo que mulheres experientes usem qualquer coisa como gatilho para conversas triviais.

Mas algumas das minhas alunas de *coaching* usam uma estratégia totalmente diferente: valorizar-se desvalorizando. Quando são encaradas, elas simplesmente escolhem um defeito visível no homem que está olhando e pensam consigo: "É você com esse/essa... (pança, cabelo ensebado, gravata impensável...) que deveria se olhar! É você que está precisando!"

Tanto faz qual ou quais fórmula(s) você decida seguir: raramente receitas dão certo logo de primeira – nem mesmo as culinárias. Como treino, permita-se uma porção de tentativas. Depois delas com certeza dará certo.

Como sempre, pratique do menor para o maior: não comece logo com aquele homem cujo olhar insistente você mais teme.

Aliás: muitas mulheres ficam duplamente indignadas quando é o chefe que as encara. É claro que não é o que se espera de um bom superior. Mas bons superiores são raros. Estima-se que sejam cerca de 20% de todos os gerentes. Quanto ao restante, o melhor é simplesmente relevar. Lembre-se que ele de fato é o chefe, mas por um lado também é somente um homem. Isso realmente não é nenhuma maravilha, mas o que podemos fazer? Os homens são assim, afinal. Até que eles comecem a mudar, resta-nos ser capazes de lidar com eles.

Apresentando você mesma

Checklist

✓ Muitas mulheres acreditam que em apresentações, reuniões ou palestras são principalmente o conteúdo e a competência que importam. É melhor dizer adeus logo a esse engano.

✓ Lembre-se: nunca é possível apresentar somente um conteúdo – ao fazê-lo, você também apresenta a si própria.

✓ Apresente-se, portanto, de forma eficaz. Reflita sempre com antecedência: Qual efeito desejo provocar? Harmonize o seu semblante com ele.

✓ Mantenha-se calma antes de qualquer apresentação, reunião ou palestra: mulheres que dispõem dos recursos mais fundamentais de comunicação apresentam-se, via de regra, melhor que os homens, e são mais bem-acolhidas pelo público. Essa vantagem deve lhe dar segurança!

✓ Adeque-se sempre à ocasião, ao objetivo da apresentação e ao grupo-alvo. Para tal, prepare-se com antecedência, refletindo precisamente sobre a ocasião, a meta e a audiência. Qual é a presença que o meu público-alvo espera de mim?

✓ Caso tenha dúvidas: simplesmente pergunte ao público. Fale com algumas pessoas que você já conheça.

✓ Vista-se sempre com uma pitada de elegância a mais que o público. Mas: a diferença entre uma pitada a mais e o exagero é clara.

✓ Apesar da escolha de roupas elegantes, opte principalmente por trajes em que se sinta bem. Se estiver desconfortável, o público também perceberá – e esse não é o efeito que desejamos.

✓ Resista à tentação de vestir-se de forma casual demais, mesmo para apresentações e outros eventos que sejam informais. Fazendo isso você transmite a mensagem: "Não estou levando realmente a sério o que está acontecendo aqui, pessoal!" Talvez você não pense assim, mas é o que vai parecer.

✓ O terninho preto? O *tailleur* social? Ou então a saia? Tanto faz a sua escolha: só precisa combinar com você! Caso tenha dúvidas a respeito (mulheres não vêm ao mundo já sabendo tudo sobre vestuário), pergunte a alguém que entenda do assunto (uma amiga, uma boa vendedora, uma consultora de estilo...).

✓ Se realmente deseja ser bem-sucedida profissionalmente, não abra mão de uma consultoria com uma *personal stylist*. O investimento vale a pena, já que muitas mulheres continuam saindo para os negócios usando roupas e cores que mesmo para os olhos menos treinados não combinam com elas. Muitas mulheres vestem-se simplesmente com discrição demais, enquanto outras chamam mais atenção do que deveriam. Isso pode ser evitado.

✓ O erro mais comum das principiantes: não queira que o destaque sejam as roupas! Isso é demais para o trabalho. As mulheres de negócios bem-sucedidas e mais estilosas colocam o foco em um acessório (como broches, colares, pulseiras, brincos...). Mas cuidado! É fácil errar o alvo. Um aconselhamento é sempre recomendável (amiga, vendedora, consultora de estilo...).

Apresentando com autoconfiança

Em apresentações e outras ocasiões, é evidente que não são apenas as roupas que contam. Também são importantes outros sinais da linguagem corporal: gestual, expressão facial, postura. Como você deve (se) apresentar? Como deve ser a sua presença?

Apresente-se sempre autoconfiante, competente e simpática

Pois essa ainda é a melhor forma de convencer o seu público. Mulheres de negócios têm grande vantagem nesse aspecto. Elas sorriem mais em apresentações, parecem mais vivas, entretêm mais e mantêm melhor contato com o público – quando elas finalmente decidem agir e sentem-se prontas para se apresentar.

Observe outras mulheres durante apresentações, reuniões ou palestras. Qual é sua expressão facial? Diversas mulheres apresentam com o rosto imóvel. Por quê? Para fazer jus à seriedade da situação. "Afinal, o importante são as questões objetivas!" A intenção é boa, mas o resultado é totalmente diferente – um típico efeito prejudicial dos sinais corporais. Pois, diante disso, o público pensa: "Ela se acha muito importante!" Ou: "Por que ela está tão insegura?" Quem quer se mostrar sério automaticamente acaba parecendo professoral, maçante ou inseguro. Por isso,

 Lance mão de toda a sua competência em apresentações. Mas sempre o faça com um pouco de charme, humor e, oportunamente, uma ou outra piscadela.

O charme feminino é uma das razões para as mulheres se apresentarem melhor – assim que transpõem o limiar da inibição. E não venha dizer que isso não é para você! Em primeiro lugar, charme não tem absolutamente nada a ver com se insinuar. E, em segundo, toda mulher tem seu próprio charme. Descubra o seu e agracie o seu público com ele. Você não precisa mudar quem você é para ser charmosa.

Seja charmosa!

Um segundo erro que principalmente as jovens cometem no trabalho: sorriem demais nas apresentações. Elas o fazem por diferentes razões. Por um lado, na maioria das vezes essa é uma reação inconsciente para lidar com o medo de holofotes. Por outro, elas sorriem porque assim desejam tranquilizar e conquistar o público. Elas querem que gostem delas – uma intenção legítima.

Mas quem sorri demais provoca dúvidas quanto à sua competência, o seu engajamento e a sua assertividade. O público pensa: "Simpática ela é – mas não parece manjar disso de verdade". Quem sorri demais parece pequena, submissa, inofensiva. Então: use o seu sorriso como qualquer outro sinal corporal – na dose certa. A dose é que faz o efeito. Tudo bem intercalar um sorriso aqui e outro ali – e funciona.

Use seu sorriso na dose certa!

Porém, quem sorri de forma totalmente automática para parecer simpático sabota o seu próprio efeito, principalmente porque o conteúdo e a linguagem corporal muitas vezes não combinam. Recentemente, uma gerente teve de apresentar o cronograma do seu projeto, que estava atrasado – e o fez sorrindo! Seu sorriso era realmente de desculpas, mas, para os diretores presentes, ela saiu por baixo da reunião: "O que há para sorrir em números assim tão ruins?"

Expressão facial e conteúdo precisam sempre combinar!

Quando tiver algo bom para anunciar, você pode parecer satisfeita. Mas, ao apresentar algo sério, mostre-se séria também.

Perdendo tiques de apresentações

Observando mulheres durante apresentações e outras oportunidades de palestrar, você constatará que várias delas desenvolveram tiques faciais. Uma delas, por exemplo, faz bico o tempo todo enquanto organiza seus papéis, sem perceber. A outra morde o lábio inferior. Uma terceira franze constantemente a testa – há até apresentadoras de televisão que são um exemplo assustador disso. Se falam por 45 minutos, por 45 minutos sua testa estará dividida em cinco rugas. Isso tira do sério até o espectador mais paciente.

Tiques faciais não são ruins – contanto que sejam abolidos

Como? Simplesmente perguntando sobre isso a uma boa amiga ou treinando na frente do espelho. Leva algum tempo para se acostumar a ambos, mas definitivamente vale a pena. O efeito tão fatal que esses tiques têm se deve ao fato de não serem percebidos como tiques. Não é o tique que é notado pelo observador inexperiente – o seu efeito que é. Sobre as apresentadoras de TV citadas, dizem muitos espectadores: "Essa mulher se faz de importante demais!" Ou: "Só de olhar para ela eu já fico cansado!"

Observe a si mesma ou peça que alguém de confiança o faça. Ao fazer isso, descubra eventuais tiques de expressão facial. Treine um pouco na frente do espelho para perder conscientemente o hábito de um tique. Depois disso, bastará simplesmente prestar atenção nisso na próxima oportunidade: a consciência inibe os tiques inconscientes. Não é difícil ter uma linguagem corporal eficaz – você só precisa se manter atenta a isso.

Aliás: quem não pode recorrer a uma amiga ou quer trabalhar de maneira realmente intensiva na expressão facial, naturalmente também pode fazê-lo com *coaching* ou em bons seminários de apresentação. *Feedback* profissional é sempre algo positivo quando a opinião de um amigo não é possível ou suficiente.

O gestual durante a apresentação

O que suas mãos fazem enquanto você palestra? Nunca prestou atenção nisso? Experimente fazê-lo. Assim você verá com seus próprios olhos quais sinais reveladores suas mãos costumam enviar. Esses sinais-relâmpago são parcialmente específicos de cada gênero: os homens, via de regra, agarram-se tensamente à tribuna ou ao que têm nas mãos, enquanto as mulheres tendem a ficar em pé atrás da tribuna, da mesa ou do projetor como se estivessem grudadas no chão, com os braços tensos e apertados contra o corpo ou então imóveis sobre os documentos. E é essa mesma a impressão que isso transmite:

tensa, insegura, pouco competente, pouco convincente, pouco digna de confiança, tediosa.

Imagem 10: Expressão facial significativa – mas que depois de um tempo irrita profundamente o público

Ninguém consegue logo de cara. Primeiro é preciso treinar. E agora você já sabe como: diante do espelho. Quais gestos combinam com qual conteúdo? Poucos segundos de reflexão a esse respeito já bastam, e poucas vezes. Pois após poucas tentativas você já começará a fazê-los de forma totalmente automática.

> Esforce-se para ter um gestual vívido: assim você reforça o conteúdo das suas apresentações.

Muitas mulheres têm mãos inquietas durante palestras. Elas "flanam", se agitam, puxam as mangas, ajeitam o cabelo, brincam com o que seguram. Preste atenção nisso. Peça o *feedback* de uma boa amiga. Isso já costuma bastar

Pare de agitar as mãos!

para tomar consciência desses movimentos de agitação, e aos poucos conseguir eliminá-los e substituí-los por um gestual de apoio à fala.

> Observe se os seus dedos se contraem e você cerra o punho. Isso acontece com relativa frequência em apresentações e reuniões. É claro que o punho cerrado é uma válvula de escape para o estresse acumulado. Mas com ele você envia o sinal errado: insegurança. Insegura não é o que você quer parecer. Se quiser usar a tensão muscular para dar vazão ao estresse, experimente contrair os dedos dos pés. Isso ninguém verá.

Postura corporal durante palestras

Como você se mantém enquanto apresenta, relata, palestra? Tudo, menos ficar estática, por favor. Não fique paralisada, grudada atrás da tribuna, ao lado do projetor ou em qualquer outro lugar. Assim você parece insegura. Nenhuma surpresa, já que você muitas vezes está mesmo. Mas mesmo estando insegura, também é possível se movimentar um pouco sobre o palanque. Mal não vai fazer. Muito pelo contrário. Você se surpreenderá: ficará mais autoconfiante fazendo isso! É essa a consequência do princípio do retorno, que diz: mulheres autoconfiantes têm linguagem corporal autoconfiante. Pois quem está inseguro e apesar disso assume uma postura corporal autoconfiante, sente-se automaticamente autoconfiante ao fazê-lo.

 O princípio do retorno da linguagem corporal: uma postura mental autoconfiante provoca uma postura corporal igualmente autoconfiante. E vice-versa: uma postura corporal autoconfiante provoca uma postura mental autoconfiante. Pois corpo e mente estão sempre em uma troca constante.

Não fique estática no lugar – movimente-se um pouco. Os movimentos fazem com que a argumentação também flua melhor. De vez em quando, caminhe tranquilamente do púlpito até o público. O efeito disso é poderosamente soberano, e você se comunicará com as **Troque de lugar.** pessoas de forma muito mais direta e vívida do que falando o tempo todo atrás da tribuna! Ao fazê-lo, mantenha sempre o contato visual.

Quando de pé, não fique na posição de balé (um pé pousado quase em ângulo reto em relação ao outro) nem na postura de alívio de tensão (peso do corpo sobre uma perna, ver Imagem 11). É como as manequins ficam em pé – mas a tribuna de apresentação não é passarela. Distribua o peso corporal igualmente sobre ambas as pernas.

Ou como a vovó já dizia: "Endireite-se, menina!" Pois uma postura ereta transmite a impressão que você deseja causar: aprumada, competente, soberana, convencida de si e do seu tema. A postura de balé parece simplesmente esquisita (sobretudo para homens) – e esquisita não é o que você quer parecer. A postura de alívio de tensão pode parecer atraente ou simplesmente negligente – e, causando qualquer uma dessas duas impressões, você não é levada a sério.

Isso é um pouco assustador, não é? De maneira totalmente inocente, como você já faz sem perceber há anos, você gira o pé para fora quando de pé – e isso já basta para que as pessoas, inclusive do sexo masculino, já não a levem assim tão a sério! Será possível? Sim. Uma linguagem corporal sugestiva pode ter esse efeito devastador. Então preste atenção em quais sinais você envia.

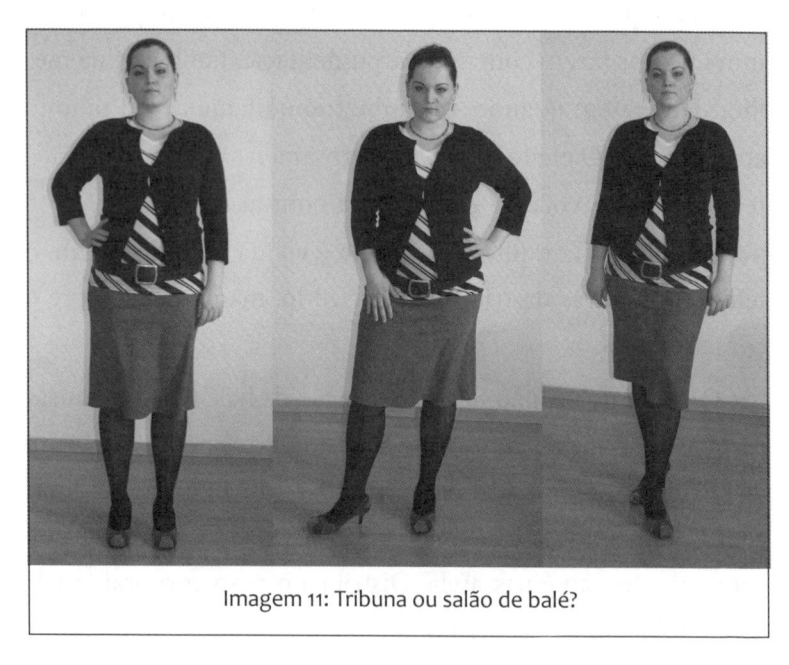

Imagem 11: Tribuna ou salão de balé?

Aliás: ficar ereta não significa manter pernas afastadas de John Wayne. Caso não esteja habituada a uma postura ereta ou isso lhe pareça estranho, agora você já sabe o que fazer: treine na frente do espelho.

Muitas mulheres que ainda não têm muita experiência movimentam-se rápido demais na tribuna. Assim você causa uma impressão nervosa. E quem é nervoso parece inseguro e pouco soberano. Então vá com calma, principalmente quando usar recursos visuais.

Modulação da voz

Lembre-se disto: o que você diz influencia os outros apenas 7%. A forma como você diz, porém, influencia 38%. Como regra geral, poderíamos dizer: a modulação da sua voz é cinco vezes mais importante que a mensagem! Caso esse número lhe pareça um pouco alto, lembre-se do sucesso de público que pessoas como Elmar Gunsch ou Lee Marvin tiveram apenas com sua voz grave e bem modulada. Ademais, isso não quer dizer que o conteúdo **O tom faz a música.** não conta nada. É claro que você não conseguirá causar uma boa impressão sem conteúdo – o melhor exemplo disso é o belo prédio do Congresso. Mas brincadeiras à parte: o que você diz é importante. Só que muito mais importante é como você diz. O velho provérbio já sabia ao dizer: o tom faz a música.

Caso vá falar ao microfone, peça sem falta a um profissional (ou a um amador competente) para que o regulem com antecedência. Pois os microfones geralmente são ajustados à voz masculina. E não menospreze essa providência como se fosse uma "bobagem técnica". Pense no ruído arrepiante do giz sobre a superfície da lousa. É a mesma sensação que os seus ouvintes têm quando você fala, por cinco minutos que sejam, em um microfone reverberante, com chiado ou distorcido.

A modulação da voz é importante. A gerente de pessoal de uma grande empresa de vestuário afirma que pela voz ao telefone já é capaz de reconhecer se quem está na linha é uma mulher de mais ou menos sucesso na profissão: "Mulheres bem-sucedidas falam bem diferente". A maioria das mulheres fala baixo demais, por exemplo – é claro que não segundo sua própria opinião. Mas todas as outras pessoas percebem. Também é por isso que muitos interlocutores precisam fazer perguntas quando estão conversando com mulheres: eles não entendem muita coisa simplesmente porque está baixo demais. Isso não quer dizer que você precise falar alto – só mais alto do que já fala. Quem fala baixo demais parece insegura, tímida, hesitante, pouco convencida e, consequentemente, também pouco convincente – e pouco durona para os negócios.

Mulheres bem-sucedidas falam bem diferente.

Reforce sua própria presença também com o volume da voz

Um bom volume de voz sugere autoconfiança, competência e autoridade. E a voz um pouco mais alta também fará efeito em você, para se sentir nitidamente mais autoconfiante. Basta experimentar. Você se surpreenderá com como é simples elevar sua autoconfiança.

Muitas mulheres literalmente não querem subir o tom porque preferem não se impor, e querem continuar modestas. Não há problema nenhum nisso – se você de fato deseja se manter pequena, simpática e modesta. Mas se, por outro lado, você tem ambições para o seu futuro (profissional), lembre-se do velho ditado: "a modéstia é bela, mas sem ela chegamos mais longe" – e fale mais alto! Isso não acontece de um dia para o outro. O volume da voz é algo que precisa ser treinado, principalmente se você há anos se comunica com voz infantil. Treine sozinha, em casa, na frente

A modéstia é bela...

do parceiro, de amigos, conhecidos ou de uma mentora. Pratique ao ar livre: distancie-se dez metros do seu interlocutor – ele ainda a ouve e compreende? Se não, sua voz também está baixa demais para o uso cotidiano.

Muitas vozes femininas são percebidas como agudas demais, sobretudo pelos homens. Peça *feedback*, fale para um gravador: você suspeita que sua voz também soa aguda demais? Nesse caso, o apoio de um treinador profissional de voz pode ser muito útil.

Há exceções, mas via de regra as mulheres falam mais rápido que os homens – principalmente em público. A maioria delas não percebe. Sendo assim, tente atentar conscientemente para isso. Qual é a velocidade da sua fala? Principalmente em público, isso transmite a impressão de nervosismo, insegurança, incompetência. Por isso, diminua a velocidade, sobretudo diante de grandes grupos.

Apresentação crítica para a diretoria

Quando os homens precisam apresentar, explicar ou relatar algo para a gerência ou diretoria, eles de fato ficam nervosos, mas percebem a situação como uma honra e uma ótima chance de se promover. As mulheres, por sua vez, ficam simplesmente estressadas e nervosas, pois para elas essa motivação para a autopromoção geralmente não funciona. Mas, nesse contexto, uma apresentação para "peixes grandes" pode não ser nada demais, desde que você saiba ao que deve atentar:

Checklist

✓ O seu nervosismo é compreensível, mas totalmente infundado: a gerência não está esperando nenhum milagre – apenas uma apresentação absolutamente normal e bem-preparada. Isso é algo que você já domina (se não, frequente um treinamento ou *coaching* para apresentações).

✓ Caso tenha medo de que o chefão seja cruel: também é possível se preparar para isso. Se ele é conhecido na empresa, por qual razão? Quais são suas manias? Qual a melhor maneira de tratá-lo? Converse com colegas e com a sua mentora (caso tenha uma).

✓ Como o seu chefe lida com mulheres? Pergunte às colegas e prepare-se adequadamente.

✓ Vista-se de forma ainda um pouco mais fina que para apresentações comuns. A diretoria também se veste um pouco mais elegantemente que o restante do pessoal. Mas de maneira alguma vista-se como a única mulher que integra a gerência. Esse é um sinal muito claro que sai pela culatra.

✓ Sua linguagem corporal também deve ser um pouco mais autoconfiante e séria. Aconteça o que acontecer: mantenha a impressão de uma autoconfiança inabalável. Pois diretores muitas vezes jogam o jogo do "vamos deixar a mocinha chocada!" Nessa situação, muitas mulheres têm vontade de chorar. Não há problema nisso – desde que mantenha as aparências e chore depois no banheiro ou no próprio escritório. Mas não dê ao chefão o prazer de ter acabado com você.

✓ Não se deixe intimidar pelos peixes grandes! Mantenha contato visual permanente com todos. Isso a faz parecer autoconfiante e competente, e transmite a você mais autoconfiança e a sensação de ter tudo e todos sob controle. Assim você parece ainda mais convincente. Além disso, o contato visual impede o gestor de alto escalão de massacrá-la demais. Só sofre *bullying* quem desvia o olhar. (Não olhar é um sinal de humildade que diz: pode me atacar!)

✓ Não comporte-se como a filha obediente – na maioria dos casos, as mulheres sabem exatamente quais sinais as fazem parecer infantis (sorrir demais, baixar o olhar, brincar nervosamente com as mãos...). Isso de fato é simpático – mas o chefão não espera simpatia, mas competência, firmeza, ação, soberania. O que os gestores esperam de você é comportamento de gestora. Então comporte-se como uma. Esse é um belo jogo de papéis que também é muito divertido.

Sinais sugestivos em reuniões

Checklist

✓ Lembre-se do primeiro mandamento da autoapresentação: mostre-se! Também ofereça-se de vez em quando para conduzir ou para ser moderadora da reunião.

✓ Quando não for a moderadora: chegue cedo à sala de reuniões para abocanhar um lugar que a mantenha no campo visual dos que gostaria de impressionar com sua autoapresentação.

✓ Sentada bem ao lado do chefe também é um bom lugar para a autoapresentação.

✓ Você também pode chegar propositalmente um pouco atrasada (apenas quando estiver confiante disso) para que todos percebam como você é importante e autoconfiante.

Imagem 12: Em reuniões, homens se
fazem parecer largos, e mulheres, estreitas

✓ Caso isso se justifique concretamente, vez ou outra também convoque você mesma uma reunião. Isso não seria se dar ao luxo para sua própria autoapresentação: é algo extremamente necessário se deseja chegar mais longe de alguma maneira. Quem não convoca reuniões também não é levado a sério. É claro que todo mundo se queixa por haver mais uma reunião. Mas depois disso você ao menos é levada mais a sério.

✓ Em reuniões, homens gostam de parecer largos, enquanto as mulheres tendem a parecer mais estreitas (ver Imagem 12). Isso faz os homens aparentarem ser fortes e competentes, e as mulheres, gentis e fracas. Esse é o efeito errado! Parta para a disputa territorial. Contra-ataque conscientemente. Lute por cada centímetro de mesa de reunião! Faça com que pareça larga, e não estreita!

✓ Quando um homem automaticamente espalhar seus documentos no lugar onde você está, empurre-os de volta para o lugar dele. Mas com um sinal forte e sugestivo: ao mesmo tempo em que olha para ele. E se ele desviar o olhar, aplique outro sinal forte: pigarreie perceptivelmente enquanto o encara.

✓ Os homens muitas vezes ficam desatentos quando mulheres têm algo a dizer em reuniões (e gostam de fazer isso). Eles conversam paralelamente. Deixando passar, você enviará o sinal errado: "Com ela nós podemos!" Simplesmente estabeleça contato visual: um olhar de advertência diz mais que mil palavras.

✓ Caso continuem perturbando: simplesmente interrompa o que está dizendo e continue fazendo contato visual.

✓ Se isso também não servir de nada, use mais um sinal, e pigarreie sugestivamente.

✓ Homens interrompem mais as mulheres do que fazem com outros homens. Não fique indignada. Reconheça esse comportamento como o que ele realmente é: uma conduta de dominação. Não se deixe dominar. Afirme-se. Experimente rejeitar a interrupção interrompendo tranquilamente de volta. Caso ainda não tenha confiança para tal: ela virá com o tempo.

✓ Modulação da voz: não reaja a interrupções como uma menininha – irritada, ofendida, indignada ou chorosa – mas soberana, autoconfiante e calma, talvez também com charme ou ironia.

✓ Estranhamente, as mulheres dão passagem aos homens com frequência: ao entrar na sala de reunião, quando se trata de escolher o lugar. O homem se senta e a mulher então procura onde ainda há lugar para ela. Um sinal nítido de fraqueza, ainda por cima desnecessário. Avance corajosamente. Quem tem desejos para a própria vida precisa de um pouco de coragem. A que você já tem é totalmente suficiente para isso.

✓ Homens comportam-se em reuniões de forma menos educada que mulheres. Eles se esparramam na cadeira, mantêm conversas paralelas, dão sinais claros de tédio, oposição ou desagrado. Não se deixe impressionar por sinais de dominação como esses! Não é algo pessoal direcionado contra você – os homens simplesmente fazem por hábito.

✓ Não vista saias curtas demais. Pois, ao se sentar, uma saia curta fica ainda mais curta. Você não faz ideia de quantos homens tentam exaustivamente espreitar por baixo de saias curtas durante reuniões. Esse não é o efeito que você deseja obter.

4

Cara a cara: linguagem corporal no diálogo

Negócios são comunicação

Na profissão, muitas mulheres queixam-se de não serem vistas ou ouvidas, de não conseguirem impor a si e suas (boas) ideias, de que os colegas as ignoram, de que o chefe lhes dá de ombros e as maltrata com rudeza ou de que os clientes as desdenham no tratamento. A culpa não pode ser do que as mulheres dizem – pois costuma ser competente e convincente. Isso se deve muito mais a como as mulheres o dizem: a linguagem corporal não é suficientemente assertiva.

 Se quando a sua boca diz "aceite a minha sugestão!", a sua linguagem corporal diz "simplesmente me ignore", as pessoas tenderão a obedecer a afirmação da sua linguagem corporal.

Pois a linguagem corporal é a língua mais poderosa e eficaz. Quase diariamente as mulheres têm conversas com:

✓ chefes;

✓ colegas;

✓ clientes e

✓ funcionários.

Nessas conversas elas não recebem a atenção que merecem – não lhes é dedicada a consideração devida – pelo fato de passarem a perna em si mesmas do ponto de vista da linguagem corporal.

Elas muitas vezes não dão a importância necessária ao que dizem. Chegam até a anular o significado do que é dito, com tendência a se mostrarem menos autoconfiantes que amáveis, amigáveis, gentis e charmosas. Já os homens, na conversa com chefes, colegas, clientes e funcionários, geralmente parecem durões, competentes, arrogantes ou presunçosos. Mesmo em diálogos insignificantes eles irradiam aquela aura de "Eu sei mesmo de tudo! Mais uma vez tenho razão. Que cara incrível eu sou!"

Por quê? Porque os homens são arrogantes? Não – porque assim eles dissimulam sua própria insegurança. Como Freud já dizia: "A arrogância também é sinal de insegurança". E porque os homens, por outro lado, sabem melhor como dar ênfase às próprias palavras. Eles têm mais prática nisso.

 Tanto homens quanto mulheres frequentemente sentem-se inseguros em diálogos profissionais – mas as mulheres reagem a isso de forma totalmente diferente dos homens.

Homens tendem a reagir à insegurança avançando, e as mulheres recuando – e os efeitos dessas duas reações sobre o ambiente não poderiam ser mais diferentes! Quando estão inseguros, os homens paradoxalmente parecem competentes e assertivos – sendo que estão meramente inseguros. Mulheres, por sua vez, parecem simplesmente inseguras quando o estão. Elas emitem os sinais correspondentes. Procure suprimir esses sinais durante as oportunidades mais importantes e frequentes de diálogo: em conversas com chefes, colegas, clientes e funcionários.

Comunicação não verbal para deixar o chefe sem graça

Muitas mulheres se dão maravilhosamente bem com seus chefes. Vários até comem na mão delas. Essas mulheres podem ter a certeza de estar fazendo tudo certo no que diz respeito à linguagem corporal. Muitas outras, todavia, vivem em estresse periódico ou constante com o chefe. Geralmente há dois motivos opostos para tal:

✓ linguagem corporal agressiva demais

✓ linguagem corporal defensiva demais

Quem não se entende tão bem assim com seu chefe deve, na próxima oportunidade, prestar atenção reforçada em si mesma e observar sua própria linguagem corporal involuntária. Em muitas mulheres que enfrentam estresse com seus chefes, chama a atenção o fato de transmitirem sinais inconscientes de rejeição (ver também Capítulo 2, seção "Quando as mulheres dificultam").

 Se o seu chefe (às vezes) não a vê com bons olhos, isso pode se dever a sinais inconscientes de rejeição.

Muitas mulheres não dizem o que acham da última ideia maluca do chefe – mas mostram para ele. Franzem a testa, lançam olhares críticos, torcem a boca, encaram com ceticismo...

Todas nós conhecemos esses sinais. Eles são involuntários. Não passe mais a perna em si mesma com sinais como esses, que jogam contra você! Como? Tomando

Como você reage às ideias malucas do chefe?

consciência deles, e deliberadamente prestando atenção neles. Sinais de rejeição são pior recebidos que a rejeição verbalizada. Contra a rejeição verbal podemos ao menos retrucar algo – mas o que se pode dizer quando a funcionária simplesmente torce a cara?

Olhe atentamente quando o chefe diz algo

Atenção e interesse são os sinais que o chefe espera, e que a livrarão de dificuldades. As mulheres reagem naturalmente com irritação visível no rosto à nova ideia maluca do chefe, de forma totalmente espontânea e irrefletida. Mas é justamente disso que queremos tratar nestas páginas: para que você aprenda a deixar de passar a perna em si mesma com sua expressão facial involuntária.

 As mulheres de negócios bem-sucedidas têm exatamente o mesmo repertório expressivo que todas as outras mulheres. A única distinção é: elas têm consciência de sua expressão facial! Essa é uma pequena diferença que faz grande diferença.

Depois de ter lhe dado atenção, você continua podendo dizer ao chefe que sua ideia não presta para nada – mas de forma verbal e articulada. E é claro que seguindo os princípios do *feed-back* sem valoração (que novamente é assunto para a comunicação verbal).

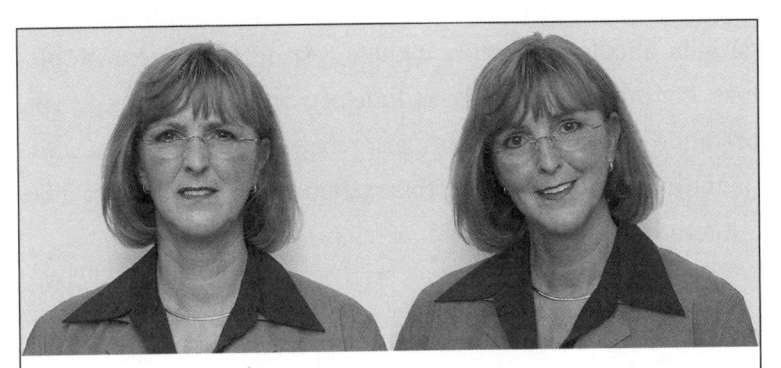

Imagem 13: Com expressão de rejeição, você rejeita o próprio chefe – mostrando reconhecimento na expressão facial, você o aprova

Quando o chefe chega perto demais

Em treinamentos e seminários, as mulheres de vez em quando também se queixam do fato de o chefe falar com elas "de cima para baixo". Isso tem significado tanto figurado quanto do ponto de vista da linguagem corporal: quando uma mulher é mais baixa que o seu superior, a tentação de falar, literalmente, de cima para **Sente-se!** baixo com ela é grande demais para a maioria dos chefes. Dica simples: sente-se sempre que possível, para que o chefe também precise se sentar. Porque assim ele não pode mais falar de cima para baixo.

Muitas mulheres também reclamam que seus chefes não param de lhes tocar com as mãos. Na maioria das vezes, não há qualquer intenção inoportuna ou maliciosa nisso. Muitos chefes simplesmente se veem como patriarcas, que pousam paternalmente a mão sobre a mão, o braço ou o ombro das mulheres, geralmente com alguma frase encorajadora: "Você consegue, Sra. Meier. "Se a Sra. Meier também gosta de assumir a posição de filha obediente perante o chefe, isso funciona sem problemas. Por outro lado, se essa atitude patriarcal lhe dá nos nervos, bastando um simples gesto para rebaixá-la e reduzi-la a uma menininha, recomenda-se tomar alguma medida contra isso. Sobretudo se ocorre com frequência.

O jeito mais fácil sempre é estabelecer contato visual direto e, com um sorriso, retirar sua mão do lugar que lhe desagrada, de forma amigável, porém determinada. É claro que isso é desconfortável e exige algum esforço. Todavia, é uma vergonha que pessoas adultas não tenham discernimento suficiente para reconhecer que não devem invadir o espaço dos outros dessa maneira. Mas se não fizer nada a respeito, isso certamente não vai mudar! Você não precisa ousar fazer isso amanhã mesmo – a coragem crescerá com o tempo. Mas tanto maior será sua satisfação quando conseguir, e finalmente for capaz de estabelecer limites no que antes ainda não era possível. Como relata Sylvia: "Quando estou trabalhando no computador, o chefe às vezes passa, inclina-se sobre mim e coloca sua

Nada muda se você não faz nada.

mãozona úmida sobre o meu ombro. Ontem foi a primeira vez que criei coragem de tirar sua mão dali. Fiquei com o coração na boca. Mas simplesmente não quero mais permitir que a minha qualidade de vida seja tão prejudicada a longo prazo. E como é que o sujeito pode saber que isso me deixa desconfortável se não lhe dou nenhum sinal disso?"

Uma olhadinha para o chefe

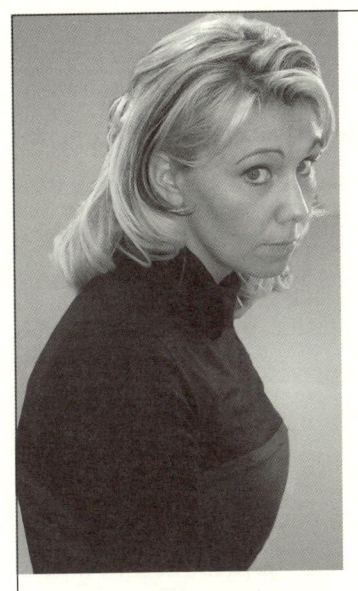

Imagem 14: O chefe só dará sossego à mulher que o confrontar – ou seja, que o encarar de frente, e não lateralmente

No trabalho, as mulheres se queixam com frequência que o chefe sobe o tom com elas, parte para o pessoal ou não consegue se controlar. Na maioria das vezes elas sofrem em silêncio e esperam o ataque terminar. Isso é desagradável, desnecessário e, sobretudo, contraproducente. Pois não é raro que o chefe intensifique o ataque verbal na medida em que a mulher recue. Os seus instintos animais vêm à tona: aquele que foge é perseguido.

Observe o quadro da direita na Imagem 14. Ele diz com clareza: "Comigo não, meu caro. Trate de se recompor!"

Quando o chefe começar a ser grosseiro, endireite o corpo para ficar da sua altura real e olhe-o diretamente nos olhos.

A melhor maneira de vencer os perigos é olhando-os nos olhos. É claro que nossos reflexos vão na direção oposta: quando um superior começa a ser rude, o mais comum é desviar automaticamente o olhar ou encará-lo com consternação. E é exatamente por isso que estamos aqui: para que você tome consciência desses reflexos involuntários, e assim esteja a meio caminho de suprimi-los. Pois só é preciso acionar o seu olhar de advertência para que o chefe diminua de marcha ou engate a ré. Esse olhar de advertência não surge do nada. Como outros sinais sugestivos da linguagem corporal, você só precisa praticá-lo de vez em quando diante do espelho e com outras pessoas.

Checklist: Os chefes gostam de pegar sempre no pé de mulheres que...

✓ ...evitam contato visual quando ele começa a engrossar; baixam ou desviam o olhar; encaram-lhe de baixo para cima ou de canto de olho, com postura submissa.

✓ ...arregalam os olhos de indignação diante de tamanho descontrole.

✓ ...ficam de boca aberta de tão perplexas, ou então sorriem constrangidas.

✓ ...apertam nervosamente as mãos.

✓ ...giram o corpo na direção contrária, na intenção de se proteger.

✓ ...ficam trocando de perna.

✓ ...ficam se justificando, falando rápido e com voz aguda e ofendida.

> *Checklist*: Mulheres que sabem colocar o chefe em seu lugar...
>
> ✓ ...o encaram diretamente nos olhos quando começa a ser rude.
>
> ✓ ...pensam coisas como "nesse tom comigo não, meu caro" – esses pensamentos transparecem na expressão facial.
>
> ✓ ...erguem o queixo e o encaram com o tronco ereto.
>
> ✓ ...levantam-se e assumem posição frontal – literalmente fazendo frente a ele.
>
> ✓ ...dão até um pequeno passo em sua direção (quando são realmente boas nisso): eis algo que os coléricos de gravata não esperam. Sua expectativa é que a mulher recue. Se ela faz o contrário, eles batem em retirada estratégica.
>
> ✓ ...olham firme e fixamente no seu rosto.
>
> ✓ ...franzem a testa em gesto de desaprovação, erguem uma sobrancelha ou transmitem outros sinais de rejeição (que são permitidos e até recomendáveis nessa situação).
>
> ✓ ...mantêm ambas as pernas firmes no chão, em postura sólida.
>
> ✓ ...questionam objetivamente com voz firme, forte e clara.

Coragem diante do chefe

Você tem dificuldade de olhar abertamente nos olhos furiosos de um chefe rude? Isso é normal. As mulheres capazes de colocar o chefe em seu lugar usando um olhar de reprovação transbordam autoconfiança. E vice-versa.

 Se mesmo se sentindo insegura você transmitir sinais corporais de segurança, logo você se sentirá muito mais confiante.

Pois a mente acompanha o corpo. Se o corpo se mostra autoconfiante, a mente também reage com autoconfiança. Mas é claro que você também pode recorrer a um pequeno truque, imaginando o chefe raivoso de cueca. Funciona sempre. Uma

A mente acompanha o corpo.

variante um pouco menos satírica consiste em desenvolver compaixão pelo pobre sujeito. Sylvia relata: "Nessa situação, eu penso sempre na coitada da mulher dele, que precisa aturar aquele colérico muito mais do que eu".

Caso você seja um prodígio na linguagem corporal, também existe a opção de sorrir quando o chefe estiver fora de si. Você leu certo: sorrir. Pois sendo virtuosa no assunto, você será capaz de reconhecer a diferença entre sorrir constrangida, nervosa e submissa e sorrir com superioridade, relaxada, soberana ou enfurecida. Essa diferença é algo que, em toda a sua complexidade expressiva, sequer é preciso explicar com muitas palavras. A melhor e mais rápida maneira de ver tal diferença é olhando no espelho e praticando. Funciona com facilidade assombrosa, não é?

Quando o chefe está de mau humor, muitas mulheres esperam sentadas no escritório pela próxima ofensiva. Esse incerto e tenso chá de cadeira é mais estressante que o ataque em si. Não fique esperando.

Presença é a melhor prevenção contra ataques do chefe

Não espere o chefe atacar. Ataque você o chefe. Quando perceber que ele está de armas em punho, agarre algum documento inofensivo que ele precisa assinar

Não fique esperando!

ou examinar, apareça na mesa dele

e mostre o que é uma postura de cortesia exemplar – sempre com contato visual amigável. É claro que ele vai trovejar como um vulcão entupido. Mas sem que você dê oportunidade, ele não entrará em erupção. Nem na hora e nem mais tarde nesse mesmo dia. Pois você o impediu com sua presença. E com isso ele aprende: "Com ela eu não posso apront ar nada hoje. Terei que procurar uma vítima menos autoconfiante para descarregar minha raiva". A autoconfiança é recompensada. E tudo isso você consegue sem dizer uma única palavra! Você sequer precisa dizer: "Nesse tom não, chefe!" Muito pelo contrário. Justamente dizendo isso você faria qualquer chefe perder as estribeiras. Essa é a grande vantagem da linguagem corporal em relação à língua falada. Pois um gesto realmente diz mais do que mil palavras.

> **A linguagem corporal é muito mais eficaz do que a falada.**

O reflexo de recuar: quando as mulheres não são levadas a sério

Observando grupos de trabalho em seminários e no ambiente de trabalho, sempre reparo: as mulheres não são tão levadas a sério quanto os homens. É claro que as pessoas ouvem com mais ou menos atenção quando uma mulher diz algo. Mas a reação é totalmente diferente quando um homem diz alguma coisa. E as mulheres também percebem. Elas sofrem com isso. Sua reação é de frustração ao perceber que não são tratadas como colegas de valor. E essa é justamente a reação errada.

Recuse em vez de recuar!

Ao perceberem que não são levadas a sério, a maioria das mulheres adota expressões faciais de perturbação. Arregalam os olhos, abrem a boca, mordem o lábio inferior, apertam as mãos com perplexidade... São gestos compreensíveis e involuntários, mas que não ajudam em nada. Pois assim sua linguagem corporal envia a seguinte mensagem: "Comigo eles podem fazer!" Nesse ínterim você já deve saber quais são os sinais corretos: estabeleça contato visual, endireite-se para ficar da sua altura real (sentada também é possível), gire-se frontalmente para aquele ou aqueles que a estão deixando de lado, dê à sua voz um tom decidido (também se pode falar um pouco mais alto) e defenda calmamente, com compostura e autoconfiança, o seu ponto de vista. De que outra forma você quer fazer com que a levem a sério? Quem permite que a deixem de canto não é levada a sério.

Expressões de perturbação.

O mundo do trabalho é cheio de sinais da linguagem corporal para colocar as mulheres de lado. Recentemente, carregando duas maletas de rodinhas e uma bolsa com papéis para um seminário, me espremia para passar na porta de entrada de uma empresa quando um jovem gerente, impaciente e apressado, preparou-se para forçar sua passagem na minha frente, apesar do aperto. Ele com certeza não era nenhum boçal. Foi pura desatenção acompanhada da seguinte noção: as mulheres se afastam quando alguém vem a todo vapor. Um olhar de advertência por cima do ombro o fez congelar no lugar como se houvesse se transformado em uma estátua de sal: até esse momento ele realmente não percebera o que estava fazendo. Só o meu sinal foi capaz de lhe mostrar.

É a mesma situação que presenciamos em elevadores: logo que a porta se abre, os homens se lançam para dentro ou para fora em uma demonstração de sua importância – e a mulher precisa estar atenta para também conseguir entrar ou sair dele. A mulher dá pas- **Mulheres sempre desviam.** sagem para os homens, e não o contrário. O mesmo acontece em escadarias. O homem despenca degraus abaixo, esperando automaticamente que a mulher desvie e se esprema contra a parede – e não o contrário. Você ainda não havia reparado nisso? A maioria dos homens também não. Muitas vezes não notamos pequenos sinais como esses – percebemos apenas o seu efeito: mulheres não são capazes de te empurrar de lado ou colocar de canto. Elas saem da frente, dão um passo para trás, permitem que as façam recuar. Isso é algo que os homens esperam automaticamente. Você pode até mostrar competência em muitas coisas que diz – mas se três vezes por **Não desvie mais!** dia recua fisicamente, esse sinal da linguagem corporal fala mais alto que qualquer palavra pronunciada: as mulheres não podem ser levadas a sério. É claro que as mulheres não recuam conscientemente quando são pressionadas. O reflexo de retirada ocorre involuntariamente. É por isso que precisamos tomar consciência dele, e simplesmente perder esse hábito: parando de recuar automaticamente, você se impõe, defende o seu ponto de vista também fisicamente, se afirma e não cede diante de quem faz a investida. Com calma, e sobretudo com contato visual, você preserva a sua posição: olhando calmamente e com um sorriso nos olhos de quem "ataca", ele se dará conta da situação. É claro que você não aprenderá repentinamente, de um dia para o outro, a defender sua posição. O reflexo de recuar é arraigado demais, um hábito muito antigo. Mas quanto mais você pensar nisso, mais bem-sucedida será em preservar sua posição. Aos poucos se tornará cada vez melhor nisso – até que as condições se firmem na sua cabeça e os homens passem a desviar involuntariamente de você.

Porque nesse meio-tempo você terá aprendido que a pressão dos outros não pode deixá-la à beira da irrelevância. Você não permitirá que isso ocorra.

 Uma reação muito serena foi a que demonstrou uma técnica administrativa de 28 anos, que fez um colega apressado passar vexame quando não recuou nenhum passo. Quando ele, perplexo, se viu obrigado a parar, ela lhe deu um sorriso charmoso, e perguntou-lhe com frieza e olhar superior: "Atrasado para a aula, querido?" Os colegas que passavam apressados morreram de rir, e desde então todos no departamento sabem – como disse um deles: "A colega sabe se impor. Ela não deixa que qualquer um a empurre de lado".

A colega em questão não nasceu assim versada e autoconfiante na linguagem corporal: autoconfiança é algo que também se pode aprender. É como uma planta: se cuidamos bem da autoconfiança, ela cresce a cada dia e nos dá muitas alegrias. Trata-se de uma via de duas mãos: deixando de emitir sinais de humildade, sua autoconfiança para de encolher. Defendendo, literalmente, sua posição, sua autoconfiança cresce a cada gesto de autoafirmação. E quanto mais autoconfiança você reunir fazendo isso, mais segura se sentirá para transmitir outros sinais de autoafirmação, o que fortalecerá ainda mais sua autoconfiança... E assim por diante. É uma espécie de círculo virtuoso: Quanto mais você fizer, melhor tudo se tornará.

O círculo virtuoso.

Os jogos baixos dos colegas

Às vezes os colegas conseguem ser bastante cruéis, levando para o lado pessoal e agindo de forma abusiva e ofensiva. Sobretudo quando as mulheres penetram em domínio masculino, os homens gostam e costumam realizar o que se pode chamar de ritual de iniciação: fazem a novata passar vergonha. Justamente porque é nova na área, e por ser mulher. Logo de cara eles querem testar como a moça se sai – afinal, ali não é lugar para qualquer uma! Uma engenheira de 37 anos, por exemplo, teve seu conceito de projeto aprovado pela diretoria três semanas antes, para depois ser notificada pela mesma diretoria de que o conceito era "totalmente inaceitável". Sentiu-se na ocasião como "se tivesse levado um soco no estômago". Mas como uma colega lhe alertara antes, ela logo reconheceu se tratar de um jogo.

"Vamos fazê-la cair no choro!"

É essa a meta implícita do jogo. Ela sofre ataques pessoais e verbais, é rudemente interrompida ou apelidada de "megera idiota" na conversa entre os colegas – quando está perto o suficiente para ouvir. Quando não conhecem esse jogo, as mulheres reagem:

✓ recuando, fazendo beiço ou demonstrando incompreensão – atos que enviam um sinal de fraqueza, ou

✓ justificando-se: "Como assim o conceito de repente virou inaceitável? Eu apresentei tudo o que você pediu!" Essa também é uma reação fraca.

A reação forte e correta é reagir com superioridade, dar de ombros, manter expressão impassível diante do jogo cruel ou até franzir a testa de forma bem-humorada ou levantar ironicamente a sobrancelha "Qual é o problema com ele dessa vez? Está batendo bem da cabeça?" Mas qualquer que seja o caso, não faça careta, no sentido literal da palavra: não perca a compostura. Isso não passa de um teste típico de adolescentes. A intenção dele é colocar a novata à prova. Uma vez aprovada no teste, o garoto que há nos homens rapidamente sossega, e a razão humana – da qual até os homens são dotados – volta a prevalecer.

Não perca a compostura!

Geralmente as mulheres são colocadas à prova dessa maneira uma vez a cada três meses, ou no máximo uma vez por mês.

> Uma mulher de negócios bem-sucedida, que trabalha como chefe de laboratório em uma empresa, precisa tolerar joguinhos como esse quase semanalmente. Ela opina: "Nunca pensei que me acostumaria tão rápido. Mas se antes eu reagia com insegurança total às piadas sujas que meus auxiliares de laboratório faziam, hoje reajo de maneira absolutamente diferente. Mesmo que me sinta feita de trouxa, aprendi a reagir com serenidade e superioridade. Quanto mais insegura eu me sinto, mais soberania eu mostro. Às vezes até faço uma provocação, andando pelos corredores do laboratório com um sorriso irônico e insolente para os rapazes. Assim eles ficam sabendo que sua última gracinha não me impressionou".

Mulheres na gritaria dos homens

Na vida profissional, as mulheres sofrem principalmente com o fato de se tornarem solitárias no trabalho assim que deixam os ateliês de costura, a secretaria ou outros domínios típicos do sexo feminino.

Regine, por exemplo, é gerente de contas de uma agência de publicidade de Stuttgart. Nas reuniões com os clientes, ela é a única mulher no meio de uma dúzia de gerentes. "Quando saímos para almoçar, tenho que aguentar uma dúzia de flertes!", queixava-se no início da carreira. Ela temia sofrer abuso sexual e perguntava-se o tempo todo se teria peito para se defender: "Eles são clientes, afinal!" Nesse meio-tempo ela constatou que:

✓ "O medo era maior que a ameaça real."

✓ "Para que tirassem a mão boba do meu joelho, não precisava de nenhum comentário, mas de um olhar de advertência na direção deles – o efeito disso é bem melhor que o do clichê 'como você se atreve!' Além disso, não interfere no ambiente, pois não é preciso dizer nada ruim!"

✓ "Antes me sentia desconfortável quando era o centro das atenções – agora quase gosto disso. Também tem suas vantagens receber tanta atenção por todos os lados."

✓ "Quanto mais autoconfiante a minha presença, menos problemas eu terei. E quando não estou tão autoconfiante, ajo como se estivesse."

✓ "Os clientes esperam lidar com uma mulher adulta e uma parceira valiosa de negócios – e não com uma filha obediente que cede sempre que o menino dentro de cada homem vem à tona."

Ganhando os clientes

As mulheres sempre relatam que, no primeiro contato com o cliente, são confundidas com uma secretária ou observadas com evidente desconfiança – simplesmente por serem mulheres. Muitos clientes parecem se perguntar de forma mais ou menos clara: "Ela é realmente capaz?" A isso as mulheres frequentemente reagem com melindre, brusquidão, frustração, irritação e postura defensiva. O que é compreensível, mas ajuda pouco, já que todos esses sinais da linguagem corporal são interpretados como sintomas de fraqueza.

 Quando demonstrarem ceticismo em relação a você pelo fato de ser mulher, permaneça soberana.

Lance mão de uma porção extra de competência e autoconfiança. Não permita que a tirem do sério. E não seja amigável demais ao fazê-lo, pois isso pode ser visto como "tipicamente feminino" – ou seja, brando demais. Evite quaisquer gestos que possam ser interpretados como nervosismo ou insegurança. Você já conheceu alguns deles nas páginas anteriores deste livro. Nesse ínterim também já aprendemos como evitar esses sinais de fraqueza: simplesmente prestando atenção neles. Atenção é um pressuposto para a linguagem corporal sugestiva. Não permita que a façam perder a calma com perguntas bobas e pessoais. Mantenha a postura. Você será recompensada por isso. Pois depois de meia dúzia de perguntas críticas, a desvantagem se torna uma vantagem: uma vez convencidos da

Não permita que a tirem do sério!

competência de uma mulher, os clientes geralmente são mais sociáveis e atenciosos em relação a ela que perante colegas do sexo masculino. Como você vê, também há vantagens em ser mulher no mundo dos negócios.

O fator simpatia

Continuamos cometendo muitos erros no contato direto com os clientes. Problemas no serviço ao consumidor são algo comum hoje em dia – não é por acaso que em alemão existe a expressão "deserto de serviços".

No contato com os clientes, costuma-se dar atenção demais a aspectos objetivos, à moda de: "O mais importante são as vantagens do produto e o preço!" Isso é um erro. Talvez você também conheça o argumento: "Dele eu não compraria um carro usado!" Por quê? Porque as vantagens e o preço do produto não estão adequados? Não – porque para mim ele é antipático, e por isso acho que é incompetente e pouco digno de confiança.

Os clientes preferem comprar de pessoas simpáticas

É claro que, por necessidade, eles de vez em quando também compram de antipáticos. Mas, nesse caso, os clientes frequentemente criam problemas: levantam objeções intermináveis, barganham no preço, adiam as decisões. Tais clientes muitas vezes são considerados "difíceis". Contudo, se o trabalho com tais clientes é confiado a um funcionário que sabe ser simpático, eles repentinamente deixam de ser clientes difíceis. É esse o poder da linguagem corporal sugestiva.

O princípio do *iceberg*: o lado objetivo corresponde a um sétimo de importância no diálogo com os clientes – os outros e mais importantes seis sétimos estão ocultos sob a superfície: a relação interpessoal.

Na relação interpessoal, por sua vez, atribui-se valor demais à palavra falada. De fato já sabemos que não se deve contrariar abertamente o cliente, e nem encher sua cabeça com linguagem técnica que é grego para ele. Mas como vimos no Capítulo 1, a palavra falada causa impressão mínima nos clientes. No diálogo com eles, a linguagem corporal provoca uma impressão muito maior.

Audição ativa

Via de regra, os clientes não são capazes de decidir logo à primeira vista se você é ou não competente. Falta-lhes experiência para tal – afinal, é você a especialista, não eles. Por essa razão, os clientes a avaliam de acordo com outros critérios. O principal deles é a simpatia. Se você for simpática com um cliente, ele a achará competente e digna de confiança, inconsciente e automaticamente. Trata-se do já mencionado Efeito Halo da linguagem corporal.

É como se a simpatia tivesse um brilho tão forte que também irradiasse automaticamente na esfera da competência e da confiabilidade. E como causar uma impressão simpática no contato com os clientes? Isso nós já sabemos:

✓ sendo amigável e atenciosa ao falar com o cliente;

✓ mantendo o contato visual;

- ✓ intercalando um sorriso amigável aqui e ali;

Assim você parece simpática.

- ✓ mantendo as mãos sobre a mesa;
- ✓ conservando a postura relativamente ereta;
- ✓ enfatizando o que é dito com gestos, em vez de ficar dura como uma tábua.

Tudo isso nós já conhecemos mais ou menos bem. Só há um problema: nem sempre dá certo. E não dá certo justamente quando interessa. Por exemplo: quando um cliente fala bobagens, divaga, toma o nosso tempo ou conta mentiras, nossa expressão facial automaticamente sai do eixo. Nós pensamos: "Quanta besteira!" – e é justamente isso o que nossa expressão facial reflete. Nesse aspecto, a linguagem corporal é muito traiçoeira. Nós geralmente não notamos – o cliente percebe muito mais. E assim já estaremos em desvantagem com ele, de modo que as vantagens do produto e o preço já não possam mais ajudar. Por isso:

 Preocupe-se em demonstrar atenção amigável principalmente quando for difícil.

Isso não se consegue logo de cara. Pois há anos cultivamos no dia a dia o hábito errado: nosso rosto diz muito. Ele é como um livro aberto, no qual nosso interlocutor é capaz de ler em questão de segundos o que pensamos sobre ele. Por isso é melhor treinar primeiro na rotina inofensiva o ato de ouvir com atenção e amabilidade, antes de aplicá-lo junto ao cliente. É o que se chama de audição ativa.

O rosto diz muito!

Quem fala a língua do corpo não ouve pura e simplesmente – ouve ativamente.

A melhor forma de escutar ativamente – ou seja, causar a impressão de amabilidade, interesse e atenção enquanto ouve – é espelhando.

Espelhe!

Existem pessoas que são realmente simpáticas para você? Quem lhe vem à cabeça? E o contrário: Quem é extremamente antipático para você? Já refletiu alguma vez sobre quais podem ser os motivos? Os britânicos têm uma explicação convincente para isso: *people that are like each other like each other*, ou seja: igual com igual se entendem bem.

Achamos automaticamente simpático quem se parece conosco

Faça você mesma o teste. Espere que alguém

✓ conte algo terrivelmente triste, e faça uma cara feliz;

✓ conte uma piada, e não esboce nenhuma reação;

✓ conte um grande êxito pessoal, e então encolha os ombros e faça um gesto de desdém com a mão.

Em termos de simpatia, como você parecerá nesses três experimentos? Extremamente antipática. Por quê? Porque você comportou-se conscientemente de forma diferente do outro. A sua linguagem corporal mostrou-se deslocada. Isso significa:

Quando você recebe uma pessoa... (alegre, triste, entusiasmada, enfurecida) também se mostrando ... (alegre, triste, entusiasmada, enfurecida), ela acha você simpática.

É por isso que essa excelente técnica da linguagem corporal também é chamada de espelhamento: você praticamente espelha a expressão facial e a postura corporal do seu parceiro de diálogo.

Normalmente, quem não está treinado não faz exatamente isso. O cliente conta os seus problemas, e a mulher de negócios inexperiente sentada diante dele mantém o rosto inexpressivo. Ela está ouvindo com atenção, mas não é isso o que o cliente vê. Ele vê um rosto inexpressivo, e pensa consigo inconscientemente: "Ela não está nem aí para os meus problemas!" E ainda bem pior – e bastante comum – é quando a mulher de negócios franze a testa enquanto ouve, ou aperta os lábios ou os olhos. Isso também pode ser um sinal (automático), a que está habituada, de que está ouvindo com atenção – mas a impressão causada no cliente é de ceticismo e dúvida: "Ela não acredita em mim!"

Espelhe a expressão facial e a postura corporal do seu cliente

Mas é claro que não 100%. Quando o cliente se retorce de rir, você não precisa fazer igual. Mas deve rir – e não apenas sorrir. Isso soa como se tivesse que ser artificial? Essa é a impressão que muitas vezes surge quando ouvimos falar pela primeira vez de espelhar. Mas na verdade é o contrário: quanto melhor você espelhar, melhor conseguirá se colocar na pele do cliente – as mulheres, via de regra, valorizam mais essa habilidade empática que os homens, e também são melhores nela.

Linguagem corporal no diálogo com clientes

Checklist

✓ Esteja conscientemente atenta a sinais inconscientes e reveladores de impaciência e nervosismo – como brincar com a caneta ou apertar os dedos –, para assim poder evitá-los.

✓ Já quando quiser fazer sutilmente com que o cliente volte ao assunto, interrompê-lo ou acelerar sua fala, é possível usar intencionalmente e com calma tais gestos de inquietação, como olhar repetidas vezes no relógio.

✓ Não erga muros simbólicos entre você e o cliente, como abrindo a maleta sobre a mesa.

✓ Mantenha os seus documentos do seu lado da mesa, pois caso contrário o cliente se sentirá pressionado (invasão da chamada zona de distância).

✓ Mesmo que você já tenha repetido sua argumentação para o cliente mil vezes: ela não será ouvida se soar, por exemplo, como uma ladainha.

✓ Fale devagar, com clareza e amigavelmente. Expresse-se simplesmente como se estivesse apresentando sua argumentação pela primeira vez.

✓ Quando estiver sentada com as pernas cruzadas, preste atenção nas pontas dos seus pés: muitas mulheres as balançam visivelmente quando ficam impacientes.

✓ Vista-se bem, mas não nitidamente melhor que o cliente.

✓ É sempre bom ter um traje preto ou sóbrio no escritório, para o caso de um cliente aparecer de surpresa.

> ✓ É totalmente possível se trocar no intervalo entre duas visitas a clientes. O departamento de compras de uma empresa deve ser visitado de terno feminino, enquanto no varejista da esquina, que fica atrás do balcão vestindo pulôver e *jeans*, isso só a faria parecer arrogante, ridícula ou insegura.

Quando seus subordinados não a levam a sério

Muitas mulheres lideram e se comunicam com muito coleguismo, o que logo foi batizado pela literatura popular como o "estilo tipicamente feminino". Esse estilo tem muitas vantagens. Entre os funcionários, ele contribui para um clima melhor em relação ao estilo tipicamente masculino. Mas

"Típico de mulher."

infelizmente sempre há os dois lados da moeda. O estilo de liderança e comunicação tipicamente feminino tem como grave desvantagem o fato de profissionais e chefes mulheres muitas vezes não serem levadas suficientemente a sério, e terem problemas para se impor perante os próprios funcionários. Disso também se queixam muitas das minhas alunas e participantes de seminários: "Os funcionários dizem 'sim, claro' – mas na prática não fazem nada!" Isso na verdade é lógico, já que não é da competência de um colega dar instruções aos outros.

 Se quer que algo específico seja executado, não peça no papel de colega.

Ironicamente, em situações cara a cara, muitas mulheres conseguem acabar com sua própria autoridade quando sorriem amigavelmente e inclinam a cabeça de lado. Esse inclinar de cabeça é um gesto tipicamente feminino – você muito raramente verá um homem baixar lateralmente a cabeça durante a comunicação.

Autoridade é algo que não se tem, que se irradia!

Você certamente já deve ter ouvido dizer que alguém tem "um ar natural de autoridade". Trata-se de um dito bastante sábio.

Imagem 15: Nenhuma dúvida: aqui é ele quem dá a palavra final!

Muitas mulheres tiram sua própria autoridade colocando--se lado a lado e fazendo suas instruções soarem como um pedido opcional, com inclinação de cabeça, sorrisos e voz insegura, e enviando outros sinais corporais de insegurança. Sua boca diz: "Faça", mas o corpo fala: "Não é tão importante assim". Como as duas mensagens se contradizem, o funcionário confia, de forma automática e inconsciente, na enviada pelos sinais do corpo. Pois do ponto de vista evolutivo, a linguagem corporal é a mais antiga das línguas. Antes de ser capaz de falar, o ser humano expressava-se com mãos e pés.

Imagem 16: Sejam homens ou mulheres, chefes devem ressaltar suas instruções com linguagem corporal nítida!

Isso também quer dizer, por exemplo, que para discussões de trabalho em geral você pode receber o funcionário em locais de reunião, mas, quando se tratar de instruções claras ou diálogos críticos, você deve reforçar sua autoridade posicionando-se diante da própria mesa. Quando estiver dando instruções a um funcionário na mesa dele, não permita que ele, literalmente, olhe-a de soslaio, enquanto continua digitando no computador. Não deixe passar, pois caso contrário você perderá sua autoridade. Basta pigarrear (sinal sugestivo) para que ele, no sentido da linguagem corporal, lhe dê toda a atenção.

 Se deseja ser levada a sério, irradie conscientemente um ar de autoridade saudável.

A modulação da voz também é diferente quando desejamos que algo seja cumprido. Muitas mulheres falam baixo, de forma insegura e com hesitação. Não há problema nisso se você não espera nada da vida. Mas se espera, deve alterar sua voz de maneira correspondente: firme, mais alta (mas não alta demais), baixando a entonação no fim das frases. Muitas mulheres sobem a voz no fim da frase mesmo quando dão instruções – e isso faz com que pareçam perguntas. Dessa maneira, elas literalmente colocam sua autoridade em questão.

Instruções não são perguntas!

E, ao mesmo tempo, esse tópico nos faz resvalar no verdadeiro problema das mulheres de negócios com a linguagem corporal: muitas esperam que os chefes, colegas, funcionários e clientes as levem a sério no ambiente de trabalho, mas não se comportam de forma a permitir isso. Expectativas e linguagem corporal divergem consideravelmente. Mas como a linguagem corporal (destreinada) ocorre inconscientemente, a maioria das mulheres não percebe a causa do problema, mas apenas os seus sintomas. Elas empurram a culpa para os outros: "Meu chefe é mesmo um misógino". "De coleguismo os meus colegas não têm nada!" "Meus clientes são verdadeiros machistas!" Nada disso. É a linguagem corporal que simplesmente não está certa. Formulando no extremo: com sua linguagem corporal irrefletida, muitas mulheres provocam exatamente o comportamento equivocado dos homens de que se queixam. Nada disso precisa acontecer – basta dominar a linguagem corporal.

 Se deseja que as pessoas a levem a sério, assuma presença compatível.

5

Linguagem corporal em situações de conflito

Homens esbravejam, mulheres fazem beicinho

Quando duas pessoas discutem, o homem fica satisfeito. Pois quando homens e mulheres entram em conflito, geralmente é o homem que sai por cima. Por ser assim para eles, as mulheres detêm, principalmente no trabalho, o estigma de "fracas em conflitos" e de "viciadas em harmonia". Mas será que as mulheres são realmente fracas em conflitos? Teriam talvez os piores argumentos? Não – pelo contrário!

As mulheres são mesmo viciadas em harmonia?

Examinando *ex post* o conflito (depois de terminar), geralmente se reconhece: "Bem, a mulher tinha mesmo razão".

 Se as mulheres possuem melhores argumentos e ainda assim saem por baixo dos conflitos, isso claramente se deve bem mais à linguagem corporal que à fala.

Basta abrir os olhos para reconhecer este fato: os conflitos têm sua própria língua, a sua própria linguagem corporal. Durante o conflito, os homens tipicamente falam um idioma corporal bastante claro. Eles:

✓ batem na mesa;

✓ começam a falar alto;

✓ chegam perto demais (invasão da zona de distância);

✓ sabem se impor;

✓ têm presença decidida;

Linguagem corporal masculina em situações de conflito.

✓ aceitam o desafio do conflito;

✓ cruzam os braços;

✓ inflam as bochechas;

✓ mantêm um olhar mau e hostil;

✓ batem portas.

A linguagem corporal das mulheres nos conflitos é totalmente diferente. Elas:

✓ tendem a falar baixo;

✓ ganham distância;

✓ esquivam-se do conflito;

✓ interrompem o contato visual;

✓ olham timidamente de baixo para cima;

Linguagem corporal feminina em situações de conflito.

✓ viram o corpo;

✓ sorriem inseguras;

✓ apertam as mãos, irresolutas;

✓ sentam-se de canto fazendo bico;

✓ recaem em um olhar fixo de humildade;

✓ preferem sair do caminho do outro;

✓ olham atentamente como se estivessem petrificadas;

✓ calam-se e encaram ofendidas.

Nos conflitos os homens tendem a gestos de ameaça, e as mulheres, de humildade

Essa disparidade na linguagem corporal é a culpada de as mulheres muitas vezes não conseguirem se impor. Pois sua linguagem corporal diz (involuntariamente): "Comigo eles podem fazer!" Sua linguagem corporal sinaliza recuo, em vez de assertividade.

 Se durante um conflito a sua linguagem corporal sinaliza recuo, qualquer bom argumento será em vão.

A linguagem corporal errada encoraja até os homens mais pacíficos a agir como se estivessem com a razão e a ir em seu encalço. É desencadeado neles, assim por dizer, um reflexo à fuga: quando a presa foge (no sentido da linguagem corporal), o predador a persegue. Não se trata de intenções ruins, mas de puro instinto. As mulheres podem apresentar os mais incríveis argumentos – mas quando o corpo envia sinais de humildade, é na linguagem corporal que o homem presta atenção, e não na argumentação.

Em meus seminários e treinamentos, a maioria das mulheres relatam sofrer com a dominação masculina dos conflitos, mais ou menos acentuada. Elas percebem muito bem que levam a pior com frequência demais – mas não sabem por quê! É compreensível, pois, afinal, quem é que observa a própria linguagem corporal e a do interlocutor durante um conflito? Por que, quando discutem, as mulheres apresentam inconscientemente tantos sinais de humildade?

Por que as mulheres agem inconscientemente com submissão

Por que em caso de conflito as mulheres tipicamente transmitem sinais corporais inconscientes de submissão? Por que o corpo as sabota sem querer? Por que elas tropeçam na própria linguagem corporal? Existem algumas hipóteses para explicar. Um esclarecimento simples é: as mulheres possuem um medo profundo, evolutivamente arraigado, de ataques físicos dos homens. Toda mulher sabe que o homem é, no que diz respeito à força física, superior a ela. Por isso, por puro instinto, ela nunca o provocará a ponto de levá-lo ao extremo. A favor desse argumento também há o fato de as mulheres serem capazes de transmitir bem mais agressividade quando em conflito com outra mulher (o chamado Efeito Maria Stuart). O medo inconsciente de investidas masculinas ressoa subliminarmente, e influencia de maneira involuntária a linguagem corporal.

O medo das mulheres.

Em geral, ele faz sentido como um fator evolutivo de proteção, mas como todos os medos, somente quando inserido no seu contexto: diante de um homem de Neandertal empunhando sua clava, realmente fazia mais sentido piscar os olhos de forma cândida e inocente do que bater com os punhos na mesa e provocar um enfrentamento físico que a mulher teria maiores chances de perder. Todavia, o problema desse medo de autodefesa é: ele também entra em ação quando é inoportuno.

Pois, nos nossos tempos modernos, seria extremamente raro um homem pensar em atacar uma mulher com uma clava de madeira na mão.

 Quando o medo inconsciente do homem, que é fisicamente mais forte, não for objetivamente justificável, faça-o cessar conscientemente – pois assim ele perderá o poder sobre você.

Isso não quer dizer que deva provocá-lo até o limite. Também por esse motivo não se deve confiar no medo difuso: não existem apenas as alternativas "provocar totalmente o homem ou iniciar o recuo por meio da linguagem corporal". Entre esses extremos ainda há muitos sinais da linguagem corporal que podem contribuir para ambos: para impor a sua visão das coisas, mas sem provocá-lo a ponto de chegar às vias de fato.

 Durante os conflitos não há apenas as opções de ataque ou recuo. Escolha sinais da linguagem corporal que não provoquem, mas que apesar disso imponham os seus interesses.

Justamente essa equilibrada mistura de imposição e abrandamento é a arte da linguagem corporal: ser forte sem ser dura. Impor-se, mas sem provocar. Continuar agindo como mulher, em vez de brigar como um homem.
Há muitas possibilidades de permitir **Ser forte sem ser dura.** que os homens mantenham seu controle e ainda assim se impor. Veja algumas delas a seguir.

O truque Monroe

As mulheres de negócios bem-sucedidas apresentam um padrão de força impositiva na linguagem corporal que não é observável como uma constante absoluta. Elas não são profissionalmente duronas 24 horas por dia, embora sejam representadas assim em filmes e reportagens – como a típica e implacável mulher de negócios. O que sobressai no cotidiano profissional real é bem mais uma flexibilidade no comportamento que surpreende à primeira vista, mas faz sentido quando melhor examinada – aplicada aos conflitos, por exemplo. Às vezes pode acontecer de uma médica ou engenheira, até então decidida e com postura soberana, de repente assumir comportamento ingênuo, olhando com espanto e arregalando os olhos, enrugando a testa e levando a mão à boca com enunciados como: "Ah, é? É assim?

Ah, é? É mesmo?

Eu não sabia!" Mesmo que o homem já tenha entrado de cabeça no conflito, isso muitas vezes o faz sair dos eixos: ele esperava que a mulher se opusesse fortemente, e de repente se vê diante de uma fêmea desamparada. Isso frequentemente o confunde a ponto de perder a cabeça e transigir: "Ora, então deixe para lá! Não precisamos esmiuçar isso agora nos menores detalhes!"

Mas em vez de ceder, muitos homens reagem a essa manobra estupidamente inocente com investidas ainda mais duras! Você pode imaginar o caráter que um homem precisa ter para atacar com mais força quanto mais desamparado o seu interlocutor – mas nem sempre a mulher pode escolher com quem discute. Diante de sujeitos agressivos como esses também se recorre ao "truque de ingênua" – que, aliás, Marilyn Monroe dominava perfeitamente. Monroe era tão boa nesse truque, nas telas e fora delas, que até hoje poucos sabem que Norma Jean Baker era uma personalidade de grande inteligência e muita complexidade. Com o truque de ingênua, os sujeitos agressivos experienciam tamanho desvario violento que, imediata e invariavelmente, cometem um grande erro (pois continuam acreditando que estão diante de uma bobinha). Então basta à mulher esperar por esse escorregão e jogá-lo contra o brutamontes: "Um minuto: você não estava dizendo agora mesmo que...? Você deve estar enganado, meu caro, porque na verdade é o seguinte: ...!" Quanto mais agressivo o sujeito, pior ele saberá lidar com essa virada surpreendente. Ele começará a se justificar, cairá cada vez mais em contradição e desmontará diante dos seus olhos. Pode poupar sua compaixão – quando um homem viola de tal maneira as regras da moralidade, você estará lhe fazendo um favor ao trazê-lo de volta à razão. Uma terceira reação típica à Manobra Monroe é a mudança absoluta de atitude. O instinto protetor do homem irrompe: "Ah, quer saber? Pode deixar, eu vou fazer!" Trata-se de um resultado para o conflito que, mesmo com a mais extravagante das argumentações, raramente se consegue de outra forma: mais uma vez a linguagem corporal mostra-se superior à falada. Ela não só é mais eficaz, como também mais eficiente – usando-a você poupa muito fôlego.

Monroe não era ingênua!

Assim você traz o homem de volta à razão...

Por que as mulheres de negócios de sucesso têm êxito tão espantoso com a Manobra Monroe? Como você suspeita, a manobra tira proveito das noções-clichê tipicamente masculinas. Os homens acham-se mais espertos que as mulheres, e, durante discussões, esse doce preconceito cresce para se tornar um dogma galopante – do qual nós, que estamos do outro lado, já nos queixamos o suficiente. Mas durante conflitos você finalmente pode usar essa desvantagem a seu favor. Quando um homem pensa assim, com tantos clichês, você pode tirar proveito disso para o seu bem e para o dele. De início, ele lhe será grato por confirmar perfeitamente seu preconceito, mas depois ele será levado a uma compreensão que tornará tudo bem mais fácil pelo resto da sua vida.

A tática da filha

Percorrendo recentemente os corredores de uma empresa, fui testemunha de outra técnica muito favorável da linguagem corporal. Dois gerentes, um homem e uma mulher, discutiam.

De forma natural, encenando idolatria com sua linguagem corporal, a gerente também conseguiu provocar o grande escorregão verbal. Esta é a tática: com a idolatria, primeiro provocar nele a sensação de segurança; depois induzi-lo a uma tolice; e então converter friamente a situação. Mas depois de usar a tática da filha, isso raramente é necessário.

Homens admirados não brigam.

> Ele: "O seu grupo de projeto não está dando conta de novo!"
>
> Ela: "Você já bateu a meta novamente? Então me conte!"
>
> Ela lançou um olhar teatralmente cândido e apertou as mãos enquanto o ouvia atentamente, com os lábios levemente abertos. Tive que me controlar para não rir alto: O gerente caiu direitinho no padrão de linguagem corporal da filha obediente e adoradora, e imediatamente incorporou o papai severo, porém bondoso, explicando à filha como o mundo funciona.
>
> A discussão regrediu em questão de segundos, e a conversa prosseguiu com objetividade depois da bazófia induzida pelo gerente.

Meu coração se aquece quando encontro mulheres assim. "Umas malandras astutas", opinou sorrindo uma colega, com admiração declarada por elas: "Os homens não são capazes de sinais motores sugestivos tão sutis – com eles a coisa é mais grosseira". O que podemos aprender com isso: Use seus talentos femininos a seu favor também na profissão. **Use suas vantagens femininas a seu favor!** Tire proveito das suas vantagens. Isso lhe favorece e não causa mal nenhum aos homens – um resultado ideal.

O olhar de esfinge

Sobre a esfinge há uma infinidade de lendas. Uma delas conta que ela apresentava enigmas aos viajantes que passavam, para então atormentá-los caso não soubessem respondê-los – um mito que em muitas culturas se manifesta de diferentes formas.

Interessante é que, após fazer sua pergunta, conforme narrado em algumas lendas, a figura mitológica simplesmente mantinha-se calada e amigável, encarando quem foi questionado – o que deixava os pobres viajantes à beira da loucura. Quanto mais eles pensavam e se queixavam, esbravejavam ou faziam outras perguntas, mais fixamente a esfinge os encarava. Cedo ou tarde, isso vencia até os sujeitos mais valentes.

Sendo assim, quando alguém obrigá-la a entrar em uma briga indesejada ou quando tudo já houver sido dito e, apesar disso, o outro continuar insistindo e repetindo incessantemente o que já se discutiu, aja como a esfinge! Estabeleça contato visual e sustente-o continuamente – o olhar é um dos mais poderosos sinais da comunicação. Também é possível notar na rotina que pessoas pouco instruídas na linguagem corporal raramente olham diretamente nos olhos – às

Não diga nada!

vezes até em família! O olhar da esfinge funciona assim: você não diz nada, só encara diretamente, com austeridade e indignação (mantendo a cabeça erguida!), os olhos espumantes da sua contraparte no conflito – como expressou Goethe em sua fase literária chamada de Tempestade e Ímpeto (*Sturm und Drang*). Além disso, mantenha expressão imóvel. Aqui e ali é possível franzir a testa ou erguer uma sobrancelha – mas realmente pouco e com muita moderação.

Quanto mais tempo você encarar assim, parecendo distante, mais inseguro o outro ficará. Ele pensará: "Por que ela não diz mais nada? Ela deve ter algo incrível na manga para me deixar nessa situação. Ou vai pular no meu pescoço logo mais!" Em algum momento o galo de briga perderá o fio da meada: "O que

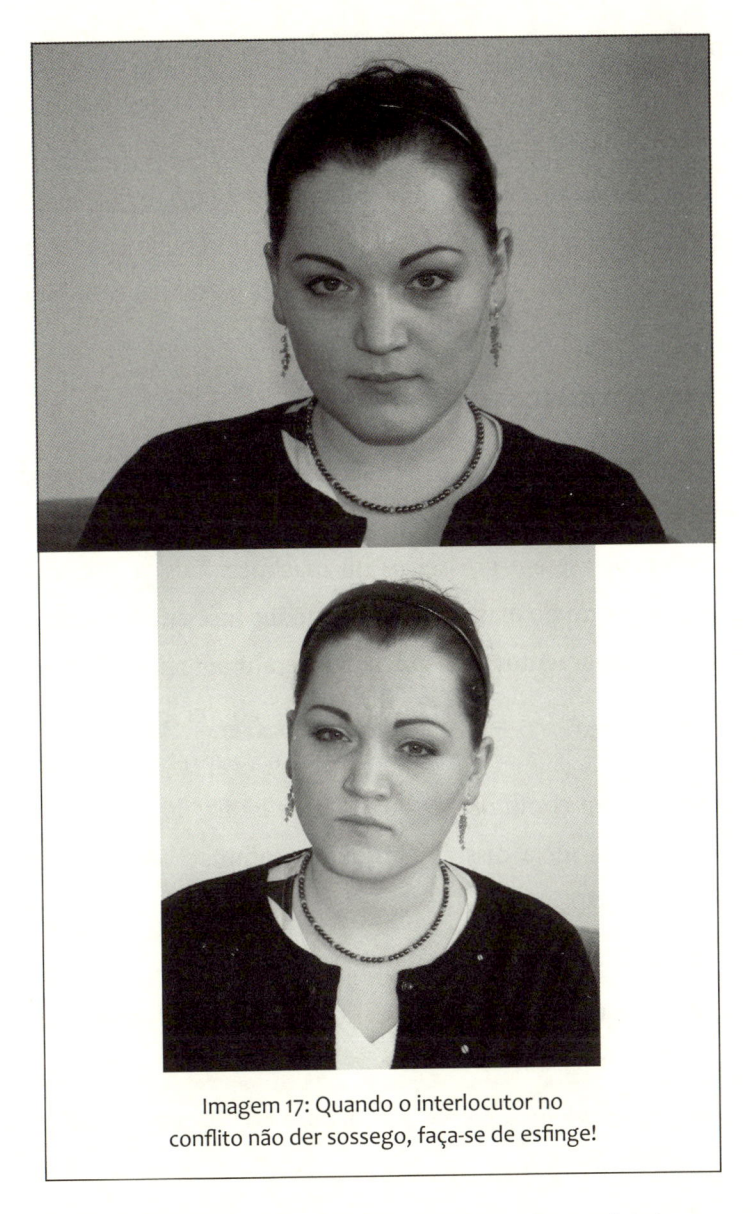

Imagem 17: Quando o interlocutor no
conflito não der sossego, faça-se de esfinge!

está acontecendo?" Então diga-lhe em duas frases: "Já dissemos
tudo. Vamos terminar esse assunto ou chegar a uma decisão".
Ele aproveitará o ensejo para recomeçar sua ladainha do início.

Então simplesmente continue calada. Repetindo o processo todo de duas a três vezes, o outro finalmente perceberá que, como um inseto na teia, você o aprisionou em um *loop* infinito, e cederá de uma ou de outra maneira. Ele pode desistir com irritação, por ter sido superado por você, ou então permitir que conversem de forma razoável – justamente o que você pretendia conseguir.

Gestos masculinos de dominação

Durante os conflitos, os homens usam com frequência e satisfação os chamados gestos de ameaça e dominação. Eles não os fazem por serem grosseiros ou machões. Tais gestos geralmente ocorrem de maneira totalmente inconsciente, sendo que durante treinamentos com vídeo eles geralmente ficam bastante **Típico de homens!** constrangidos ao ver pela primeira vez o gestual e a expressão facial que empregam em conflitos: "O quê? O que eu fiz? Isso é horrível! Eu não tinha ideia disso!" Gestos de dominação tipicamente masculinos são:

✓ Encarar abertamente o outro;

✓ Abanar a cabeça sem fazer comentários, de forma depreciativa;

✓ Agitar violentamente as mãos e os braços ("falar com mãos e pés");

✓ Tocar o interlocutor, como apontando o dedo indicador no peito em um gesto acusatório, ou pousando com arrogância a mão no seu braço ou ombro: "É, Sra. Meier, você ainda tem o que aprender!";

- ✓ Interromper o outro (estatisticamente, os homens interrompem bem mais as mulheres do que o contrário);
- ✓ Subir o tom de voz;
- ✓ Bufar pelo nariz com desdém;
- ✓ Chegar perto demais (invasão da zona de distância);
- ✓ Franzir a testa, erguer a sobrancelha;
- ✓ Apontar o dedo para o outro;
- ✓ Dar as costas para o outro, em um gesto simbólico;
- ✓ Cruzar os braços e abrir bem as pernas quando de pé;
- ✓ Cessar a comunicação: virar o corpo, sair andando, deixar a sala, simplesmente ir fazer outra coisa;
- ✓ Não demonstrar nenhuma reação: fingir-se de surdo, agir com teimosia, encolher os ombros, simplesmente não ouvir o outro.

O que é traiçoeiro nesses gestos: via de regra, eles nos afetam de forma totalmente involuntária! Depois da discussão ficamos aborrecidas por mais uma vez termos levado a pior diante de um brigão, embora tivéssemos melhores argumentos – mas não sabemos como foi que isso aconteceu! Agora você já sabe: porque a gestos de dominação, nossa reação totalmente inconsciente geralmente é de recuo.

 Não se deixe impressionar por gestos de dominação. Assim que tomar consciência deles, eles perderão o poder sobre você.

Mulheres sem bons conhecimentos da linguagem corporal reagem recuando (internamente) de maneira espontânea e inconsciente quando um homem emprega um gesto de dominação durante um conflito – como se aproximando demais, por exemplo (invadindo sua zona de distância). Mulheres que conhecem essa linguagem não se deixam enganar por ela, porque em vez de "oh, que desagradável", pensam: "Ah, então agora ele vai tentar com esses gestos batidos de dominação!" Sabendo reconhecer e interpretar quando a linguagem corporal do outro se manifesta dessa maneira, você não cairá mais nessa armadilha, e não baterá desnecessariamente em retirada. E mais ainda: você poderá pagar de volta na mesma moeda – usando, por exemplo, a estratégia da amazona.

A estratégia da amazona

Até aqui você já conheceu três estratégias da linguagem corporal para conflitos, que, com um pouco de treino na frente do espelho, funcionarão rápido e satisfatoriamente em situações inofensivas, quando for importante. A estratégia da amazona, por sua vez, é como diz o nome: geralmente usada somente por amazonas, ou seja, mulheres que têm confiança para tal. Se temos coragem de usá-la, ela tem efeito devastador no conflito. Pois os homens realmente não contam com isso: com uma mulher que use o mesmo jogo contra eles próprios.

 Verena é uma dessas mulheres. Ela é gerente de departamento em uma fábrica de instrumentos musicais, e domina muito bem essa estratégia. Quando um colega é realmente petulante com ela e não reage a bons argumentos ou a indiretas sutis, ela não se deixa oprimir como fazia antes, e parte para o próximo passo:

- ✓ Ela vira-se frontalmente para o interlocutor no conflito e endireita o corpo;
- ✓ Estabelece contato visual e o mantém até o fim;
- ✓ Respira fundo visivelmente (fornece energia e é um sinal claro de ameaça);
- ✓ Adentra a zona de distância pessoal dele (um braço ou um pouco menos);
- ✓ Ainda se curva mais para a frente a partir dos quadris, para que o seu rosto fique bem próximo do dele;
- ✓ Franze a testa ou aperta os lábios;
- ✓ Emprega algum gesto de dominação, como tocar com o dedo no peito do outro, segurar no seu braço, apontar o dedo ameaçadoramente para o seu rosto ou pousar a mão na mesa ou nos documentos dele;
- ✓ Às vezes também apoia as mãos ameaçadoramente nos quadris;
- ✓ Faz com frequência um gesto de impaciência: bate com a caneta ou com os dedos ou batuca em algum objeto.

Com a ajuda desses sinais sugestivos, ela lhe comunica o que pensa e o que espera dele. Esses são componentes eficazes da linguagem corporal que combinam-se para formar a estratégia da amazona.

O efeito você já deve imaginar. Os homens são programados para esperar que as mulheres recuem automaticamente quando eles são brutos – e agora uma delas **A queda de joelhos.** não só não recua, como também parte para o contra-ataque? A maioria dos homens se espantam, e involuntariamente dão um passo para trás – e assim já terão perdido: na linguagem corporal, isso é equivalente a cair de joelhos. O homem perdeu o jogo – e isso é algo que qualquer mulher que domine a estratégia da amazona já conhece.

Antes eu pensava que a maioria das mulheres não tinha confiança para descobrir e despertar a amazona que tem dentro de si. E que acharia essa estratégia agressiva demais. Mas, ao longo dos anos, a experiência me ensinou algo diferente: logo que têm chance de examinar o exemplo de uma mulher bem-sucedida, elas são puro entusiasmo em relação à estratégia. Elas começam a praticar com afinco diante do espelho, em treinamentos ou seminários ou entre amigas – isso é, decerto, um pressuposto para essa estratégia. Pois um recital tão completo de diferentes sinais corporais sugestivos só tem êxito com um pouco de prática.

A estratégia da amazona, como todas as outras técnicas sugestivas apresentadas nestas páginas, confirma de forma impressionante o princípio do retorno da linguagem corporal: mesmo mulheres que por muitos anos tiveram problemas com a linguagem corporal e, apesar de empregarem técnicas mentais no conflito com homens, simplesmente não conseguem se impor com frequência, vivenciam um grande impulso em sua autoconfiança e força interior com o mero estudo das técnicas de conflito da linguagem corporal. Sua capacidade de se impor muitas vezes cresce em questão de segundos, e muito visivelmente: os olhos brilham, a postura se endireita e as mulheres relatam que agora simplesmente se sentem bem e fortes, e que, em hipótese alguma, permitirão que as oprimam novamente.

> O princípio do retorno da linguagem corporal: uma postura corporal ereta provoca postura mental igualmente erguida, que por sua vez provoca postura corporal ereta.

Nesse âmbito, os psicólogos falam – como já descrito no Capítulo 1 – de *postural setting* (ajuste postural): linguagem corporal e postura mental são indissociavelmente conectados. Por décadas acreditou-se que o corpo refletia os pensamentos – mas o ajuste postural inverte esse conceito. Sendo assim, da próxima vez que se vir em um conflito, simplesmente procure fazer o ajuste postural correto – para a postura corporal certa – e você sentirá na pele a sua coragem, autoconfiança e capacidade de se impor crescerem abruptamente. Em geral, é exatamente com esse pensamento que devemos adentrar os conflitos. Assim a vitória será sua antes mesmo de o conflito começar.

> A sua postura corporal – ou ajuste postural – influenciam a forma como você se coloca. E esta última influencia se terá sucesso.

Como adestrar um homem?

Para quem estiver preocupada: como já apontamos diversas vezes, com as extremamente eficazes técnicas sugestivas para conflitos analisadas aqui, a intenção não é colocar o pobre homem contra a parede – embora isso seja possível sem maiores complicações se você quiser, e caso seja necessário. Em casos normais, essas técnicas não servem para criar uma situação de benefício unilateral (*win-lose*), mas apenas para tirar o homem do seu delírio de dominação e do seu desejo excessivo de brigar, para poder conversar com ele de forma sensata. E, via de regra, isso só é possível enviando-lhe os sinais sugestivos do corpo corretos e necessários. E se descobrir os primeiros indícios de adestramento por trás deles, você já terá desenvolvido um bom olhar para a linguagem corporal sugestiva.

Mulheres bem-sucedidas lideram com a linguagem corporal

Elas se impõem não com muitas palavras, mas simplesmente com sua linguagem corporal sugestiva. Ou, como relata a mentora de uma gerente de departamento muito bem-sucedida de um conglomerado de eletrônicos: "Quando observo minha orientanda como intermediadora de reuniões, fico realmente orgulhosa dela. Um breve aceno e os homens começam a se comportar. Um movimento de mão e a calma volta a reinar. Quando ela sorri, o ânimo geral sobe dez graus na escala". Por quê? Por um motivo simples:

 A linguagem corporal sugestiva tem dois resultados – um efeito espontâneo e um efeito de aprendizado a longo prazo.

Ambos são extremamente favoráveis, mas o segundo deles ainda aumenta acentuadamente a eficiência. Assim qualquer homem sedento de briga, que ostenta seus gestos de dominação como uma arma, fica fortemente impressionado (efeito espontâneo) quando, por exemplo, sua interlocutora emprega a estratégia da amazona. Mas depois de você ter feito isso uma ou duas vezes, sequer será preciso fazer mais – o homem já reagirá antes mesmo de você apontar todo o seu arsenal de amazona para ele (efeito de aprendizado). Pois ele terá aprendido. Alguns podem até afirmar que os homens não são capazes de aprender. Mas quanto mais sagaz a mulher, mais capaz de aprender é o homem. No caso da gerente de departamento mencionada, basta virar-se totalmente para o adversário de conflito e lançar-lhe um olhar severo para trazê-lo de volta com os pés no chão. Pois com as experiências passadas ele aprendeu que esses sinais anunciam a estratégia da amazona: "Oh, logo a coisa vai ficar feia! Melhor ir com calma antes que ela fique furiosa de verdade!"

 Quanto melhor você dominar algumas técnicas sugestivas, com menos frequência você precisará usá-las, e de forma mais contida: ele terá aprendido!

Também é por isso que mulheres bem-sucedidas parecem liderar e se impor sem qualquer esforço: leigos podem pensar que haveria um segredo ou mágica por trás disso. Mas como especialista na linguagem corporal você saberá reconhecer os muitos pequenos gestos sugestivos que antes eram grandes, mas que nesse ínterim, devido ao efeito de aprendizado, poderão ter regredido a um grau quase imperceptível. Você liderará por meio de avisos, por assim dizer.

A técnica do *não* sorridente

Ainda existe uma quinta técnica sugestiva para conflitos que é adotada por mulheres de sucesso. Ela é genialmente simples:

basta dizer *não* sorrindo! Se você já experimentou, já vivenciou o seu efeito surpreendente.

Por que um sinal sugestivo simples assim é tão eficaz? Porque é um sinal contraditório, e sinais contraditórios são muito eficazes. Normalmente, eles devem ser evitados: quando você diz "não" em uma briga, por exemplo, mas o seu corpo expressa "estou recuando!", esse sinal contraditório contribui para que o homem a acosse e tente colocá-la contra a parede. Mas, ao contrário, quando você emprega o sinal contraditório consciente dele, seu efeito é igualmente sugestivo, mas a seu favor.

Usar propositalmente um sinal contraditório.

> A regra: evite sinais contraditórios! A exceção: a não ser que eles lhe tragam proveito!

O rosto sorri, mas a sua voz diz em alto e bom-tom: "Sinto muito, mas não dá!" Isso tira dos eixos até as pessoas mais dispostas a brigar, pois a contradição dos sinais as confunde. Em meus seminários eu sempre constato que muitas mulheres preferem essa técnica de conflito não só por ser tão simples e eficaz, mas sobretudo pelo fato de preservar a harmonia. Uma das participantes de um dos meus seminários falou por muitas: "Eu posso fazê-lo sem deixar de ser amigável, poupando o relacionamento. Não preciso machucar os outros – mas ainda assim consigo dizer não quando quero dizer não!" Dura, porém cordial.

Dura, porém cordial!

Decidida, porém amigável. Forte para se impor, mas ainda assim feminina. O sinal sugestivo ideal: embora a mulher diga um não alto e claro, seu interlocutor no conflito não consegue ficar realmente bravo com ela. É exatamente assim que a maioria das mulheres desejam resolver os conflitos: em harmonia. Que bom que existem técnicas para isso.

Combinando da melhor forma

Agora você conhece cinco técnicas sugestivas para casos de conflito. Mulheres que se impõem dominam todas elas (e às vezes também outras). Isso concede flexibilidade suficiente para escolher a técnica apropriada para qualquer situação, adversário de conflito ou ambiente. A melhor possibilidade é combinar as técnicas entre si, para realmente estar armada para qualquer caso.

De acordo com minhas observações, mulheres pouco instruídas na linguagem corporal não contam com essa flexibilidade. Nos conflitos, elas lançam mão sempre do mesmo repertório sugestivo. Elas sempre fazem as vezes de menina amuada, de megera enfurecida, de respondona destemperada ou de moralmente indignada. Essas técnicas sugestivas são todas muito eficazes – mas quando usadas no contexto apropriado! Mas quando, por exemplo, o homem que enfrentam se recusa a reagir à representação de menina amuada como um pai bondoso ou um irmão mais velho, essa linguagem corporal se perde no vazio! E se então não tiver outra técnica sugestiva a postos, acontecerá exatamente o que vemos ocorrer todos os dias: o homem argumentará até colocá-la contra a parede.

Flexibilidade no comportamento é uma competência--chave: o elemento mais flexível conduz o sistema.

Felizmente, as mulheres têm uma vantagem sociológica nisso: via de regra, elas agem com mais flexibilidade que os homens. Nós também podemos fazer diferente!

Conflitos dão energia!

Talvez você tenha suspirado aqui e ali durante a leitura deste capítulo: "Mas por que é que eu preciso usar técnicas de conflito? Não dá pra ficar sem elas?" Essa reação é normal. Os conflitos são desagradáveis para a maioria das pessoas. Apesar disso, eles fazem parte da comunicação diária.

> Conflitos não são exceção, mas a regra na comunicação.

Mulheres que são bem-sucedidas reconheceram isso bem cedo no seu desenvolvimento. Como uma orientanda afirmou: "Como qualquer mulher, eu também acho os conflitos maçantes – mas em algum momento eu fiquei cheia de fazer sempre papel de idiota neles. Então eu tomei coragem – e de repente tudo ficou muito simples!" Realmente é simples assim. Se apenas por três vezes você também conseguir criar coragem de usar as técnicas de conflito deste capítulo, você terá algumas surpresas. A administração sugestiva de conflitos:

✓ é surpreendentemente fácil;

✓ funciona surpreendentemente bem, e

✓ reduz surpreendentemente o número de conflitos!

Toda boa administração de conflitos tem efeito preventivo

Como assim? O motivo é simples. Bastante rápido você identificará os notórios galos de briga, machões e opressores de mulheres que não quer (mais) permitir que façam isso com você. Com quem você sempre dá murro em ponta de faca. E verá que não quer mais ceder. Que você agora é capaz de se impor. Depois disso, a sede de conflito dos galos de briga diminui drasticamente.

E esse efeito, por sua vez, também é uma inacreditável injeção no ego: simplesmente transmite a ótima sensação de ter competência para lidar com conflitos, e não precisar mais temê-los e recuar o tempo todo durante discussões. Isso nos liberta por dentro. Nos treinamentos ouço o tempo todo que, com isso, muitas mulheres literalmente tiram um peso das costas. É liberada uma inacreditável energia, que antes era comprometida pelas decepções e por manter-se frustrantemente na defensiva.

A competência na linguagem corporal liberta, e dá novas energias!

Muitas mulheres depois entram em contato para me dizer que acham a administração de conflitos "muda", pela linguagem corporal, muito melhor que as tradicionais argumentações, embates, conversas e discussões sem fim:

✓ "Funciona sem que eu precise usar muitas palavras! Basta um olhar afiado ou um sorriso que desarma!"

✓ "Sinais de conflito não verbais funcionam melhor e mais rápido do que muita conversa."

✓ "Com sinais sugestivos, a atmosfera torna-se imediatamente melhor durante o conflito, e tudo fica mais harmônico do que quando falamos demais."

 Quem administra conflitos (também) não verbalmente, economiza muitas palavras, preserva sua força e energia, evita o estresse e estimula a harmonia.

Bullying

O *bullying* é uma forma de agravamento do conflito. Eu gostaria de poupá-la desse tema desagradável, mas o número de vítimas de *bullying* é assustadoramente alto, e a proporção de mulheres entre elas é chocante. Existem ramos e empresas nos quais 80% das vítimas de *bullying* são mulheres.

Em questionários casuais, sempre constato: quase uma entre duas mulheres já vivenciou essa experiência desagradável, ao menos com o *bullying* individual: sendo o alvo de uma mesma pessoa, que pode ser um funcionário, um colega ou um chefe, do sexo masculino ou feminino. Característico nisso é o fato de o conflito entre os dois se tornar constante. Em intervalos regulares, o outro começa com seus ataques de *bullying*. O que é possível fazer contra isso?

Às crianças nós dizemos: "O cachorro vai te morder se perceber que você está com medo!" Não sei se com cachorros isso funciona mesmo, mas com humanos certamente está correto.

Quem se faz de pequeno é diminuído ainda mais pelos outros. Quem dá sinais de submissão diante de quem faz *bullying* será submetido a ele. Nesse meio-tempo você já aprendeu quais são os sinais de uma linguagem corporal submissa: olhar de baixo para cima ou nenhum contato visual, postura recurvada, mãos frouxas, escondidas ou crispadas, voz baixa.

 As vítimas de *bullying* incitam esse comportamento por meio de sua linguagem corporal. A linguagem corporal não é a causa, mas um convite para o *bullying*.

O mais importante para se defender do *bullying* é o contato visual. Certa vez, Arnold Schwarzenegger disse em um dos seus filmes: "Quero ver o fundo dos olhos do meu inimigo". Isso é, de fato, bastante bélico, mas explica o âmago da questão: um olhar penetrante intimida o agressor. Ao olhar fortemente, você perceberá que **O olhar penetrante.** isso o intimidará. Ele engolirá em seco, crispará as mãos, ficará com a postura insegura e seu ataque verbal perderá o embalo. 1 a 0 para quem é atacado.

Quanto mais você tiver desviado o olhar diante dos ataques de *bullying* dele ultimamente, mais eficaz será o olhar direto. Agora, de repente, você o encara como um animal enfurecido: contrai ameaçadoramente as sobrancelhas, em um sinal de: "Atenção, meu caro – é melhor ter cuidado!" Teste o seu repertório de olhares penetrantes diante do espelho. Muitas pessoas têm sua própria variante totalmente pessoal do olhar agudo e ácido. Uma secretária de 36 anos, por exemplo, domina maravilhosamente a sua. Quando uma certa colega tenta lhe dar uma dura, primeiro ela olha com ar entediado por cima dela, meio em direção ao teto. Isso sinaliza: "Estou te ignorando totalmente". Mas quando a agressora parte para as investidas, ela baixa a cabeça bem devagar, como em câmera lenta, e olha direto nos olhos dela. Isso tira a calma mesmo dos praticantes mais obstinados do *bullying*.

O melhor, porém, é sequer deixar ir tão longe. Não espere o outro partir para cima: faça o que uma participante de um seminário meu chamou de "visita preventiva". Ao cuidar dos seus afazeres, trace sua rota pelo escritório de modo a passar pelo local de trabalho do valentão. Sorria-lhe de forma amigável e determinada – mas é claro que não como uma provocação – e estabeleça contato visual. Isso sinaliza: "Estou de olho em você!" Você ficará espantada com como o contato visual bem dosado e repetido regularmente refreia a vontade de importunar do outro.

"Visita preventiva."

Para esse olhar preventivo de advertência há oportunidades suficientes: na sala do café, no elevador, na impressora, durante reuniões, no corredor...

É comum afirmarem que, estabelecendo contato visual, as mulheres incentivam os importunadores do sexo masculino a atormentá-las. Isso é conto da carochinha. Se encarar o seu interlocutor com postura aberta e ereta e um olhar direto de "cuidado, meu caro!", ele não a perseguirá. Muito pelo contrário: ele a respeitará e a deixará em paz. Os provocadores investem principalmente contra mulheres que sinalizam fraqueza e submissão, com seu olhar esquivo e postura corporal pouco autoconfiante. Mostrar força não é um convite ao ataque. Mas algumas mulheres têm problemas com demonstrações de força. Algumas realmente riem quando são perseguidas. Elas ficam constrangidas e querem tentar se livrar da situação com um sorriso constrangido.

Demonstre força!

Mas o efeito é o contrário. Pois quando mulheres sorriem em situações como essas, os importunadores interpretam como um sorriso de consentimento e de convite para que prossigam. E não adianta absolutamente nada dizer depois com indignação: "Mas não foi nada disso que eu quis dizer!" Não foi a intenção, mas foi esse o resultado.

O segundo item em ordem de importância para defender-se do *bullying* é a postura corporal. Poder-se-ia quase afirmar que as vítimas de *bullying* teriam linguagem corporal própria: parecem pequenos, fracos e acanhados.

Como você demonstra força? É claro que você endireita sua espinha dorsal no máximo da sua altura. E deixa

Pense que você é um armário e provocará a impressão de ser um.

de parecer pequena para se mostrar grande e larga. Fica em pé com as pernas mais afastadas e com o peso em ambos os pés, de frente para o outro. Como John Wayne e Marshall Rooster: intrépida e poderosa, como um homem grande como um armário. Não importa se você pesa 50kg e tem 1,60m de altura – de acordo com um velho ditado samurai: "Quando a espada é curta demais, basta dar um passo à frente". O ataque é a melhor defesa. Mas não é preciso usar os punhos para investir contra o agressor. Existem métodos mais elegantes. Agora você já conhece as zonas de distância. Sempre que alguém invade nossa zona pessoal de distância (equivalente a um braço), reagimos com defesa. Se alguém fere a sua zona de distância, também chegue bem perto dele! O efeito é surpreendente.

Quem não se defende se complica

Qualquer situação pode ser encarada na posição de dono da ação ou de vítima. O que irradiamos volta para nós. Se andarmos pela vida pequenos e curvados, seremos diminuídos. Se olharmos tudo nos olhos com a cabeça erguida, iremos mais longe. Quanto mais e melhor você se vender com sua postura de mulher de cabeça erguida, mais também mudará a sua postura interior: não permitirá mais que façam isso com você.

"Mas se eu partir para a confrontação, o clima no ambiente de trabalho vai ficar ainda pior!" Talvez. Mas o que acontecerá se não fizer isso? A situação melhorará se continuar permitindo que lhe façam isso? Não. Talvez ocorra o contrário: quem não se defende se complica. Quem não se defende tem sempre que suportar mais e mais. Quem se defende conquista respeito. Primeiro dos outros, e depois também de si própria.

Quem se defende conquista respeito.

E quem é respeitada não sofre *bullying*. Se no seu departamento ele for extremo contra você, será preciso conquistar respeito igualmente extremo.

É claro que antes você deve verificar se um acordo de paz também não seria uma possibilidade. Você já experimentou conversar amigavelmente com o agressor? Não no padrão do "precisamos falar a respeito". Discussões genéricas não servem de nada. Espere pela próxima oportunidade concreta, e então pergunte: "Por que você está tão aborrecido comigo? O que eu fiz?" Então talvez você terá uma pista para as causas do *bullying* – muitas vezes são velhos desentendimentos, possíveis de esclarecer sem problemas em uma conversa franca.

O *bullying* é um problema grave. Muitas pessoas já se resignaram em relação a ele por acreditarem que não há mais nada a fazer. Que sozinhas não são capazes de acertar as coisas. Que os outros são os culpados. É claro que todos sabemos que sempre existe algo a fazer. Que sozinho também se pode ajeitar alguma coisa. E que sempre temos nós próprios uma pequena parcela de culpa. Mas já nos acostumamos tanto ao nosso papel de pobre vítima... Minha dica para as vítimas consolidadas: você não precisa acreditar ser capaz de mudar alguma coisa. Pode continuar achando que não há nada a fazer. Que sozinha não pode resolver nada. Que os outros são os culpados. Mas apenas tente, por três dias seguidos, estabelecer contato

Não se acostume ao papel de vítima!

visual com o agressor em todas as oportunidades, e andar de cabeça erguida pela vida. Não é preciso estar convicta de que dará resultado. Só é preciso fazer. Você deve a si mesma e aos seus ao menos uma tentativa. Experimente, observando com olhos afiados e a razão desperta qual é o efeito: O que acontece exatamente? Como o praticante do *bullying* se comporta? Isso mudará a sua vida.

6

Decifrando a
linguagem corporal do outro

Ambas são importantes: a sua linguagem corporal e a dele

Para a maioria das mulheres, a linguagem corporal é um processo inconsciente – a não ser quando estamos diante do espelho. Mas mesmo nessa situação, muitas vezes prestamos atenção aos sinais errados. Isso é perigoso, como vimos nos capítulos anteriores.

Neste capítulo examinaremos por que o perigo que o caminho inverso também representa não é insignificante:

 Enquanto a mulher não for capaz de perceber conscientemente a linguagem corporal dos outros, principalmente dos homens, ela continuará permitindo que a oprimam continuamente.

Prestamos pouquíssima atenção nos sinais corporais dos outros. Por quê? Porque estamos ocupadas demais nos concentrando no que queremos dizer, ou para seguir o fio da meada do diálogo. Dessa maneira, muita coisa nos escapa – justamente o que é essencial e decisivo em uma conversa! Quem não presta atenção consciente na linguagem corporal do outro, e, principalmente, não a decifra corretamente...

✓ ...cai inconscientemente nos gestos de dominação, jogadas de poder, afetações imponentes e rituais de dominação masculinos.

✓ ...perde informações importantes durante o diálogo, como os indícios não verbais para responder à pergunta: Ele está mentindo para mim? Isso é algo bem mais possível de reconhecer por sinais do que por palavras.

✓ ...volta sempre a cair em impasses durante as conversas, sem perceber a razão (isso também é algo que a linguagem corporal do outro diz).

✓ ...permite que a coloquem com relativa facilidade contra a parede.

✓ ...não é capaz de impor seus próprios desejos.

✓ ...precisa contentar-se com menos.

 Ser estimada e bem-sucedida é algo que depende da sua linguagem corporal, mas também – na mesma medida, no mínimo – do fato de saber ou não perceber e interpretar corretamente a linguagem corporal do outro.

O olhar para os sinais dos outros

Você tem olhos para o outro? Isso é algo rápido de descobrir – basta se fazer as seguintes perguntas durante o próximo diálogo:

✓ Como o meu interlocutor está se sentindo? (Está estampado no seu rosto e na sua postura corporal.)

✓ O que ele está pensando? (Seus gestos e expressão facial revelam melhor que suas palavras.)

✓ Sua postura em relação a mim é de concordância ou rejeição?

Perguntas simples, não é? Apesar disso, é bastante comum as mulheres responderem a esse exercício: "Não sei. Simplesmente não prestei atenção suficiente nisso". Isso não é descuido – trata-se de algo absolutamente normal. Não somos competentes na linguagem corporal desde o berço. Mesmo as mulheres mais bem-sucedidas tiveram de adquirir primeiro esse olhar claro para o outro.

 Se deseja decifrar os sinais do outro, atente conscientemente para o vocabulário da linguagem corporal:

✓ Olhar

✓ Expressão facial

✓ Gestual

✓ Postura corporal

✓ Modulação da voz

Esses cinco vocábulos combinados (jamais considerados individualmente!) mostram o que o outro está pensando e sentindo. Tais componentes da linguagem corporal dizem mais do que palavras. Se na próxima conversa você atentar a esses cinco aspectos, provavelmente perceberá que isso a distrairá levemente – pelo menos enquanto você ainda não for mestre na linguagem corporal. De início é pouco natural falar, ouvir e ao mesmo tempo ainda concentrar-se visualmente. Mas é só no começo: depois de poucas tentativas, você já sentirá que será cada vez mais fácil. Sobretudo, depois da primeira tentativa você já constatará com deleite o que uma participante

Falar, ouvir e ainda concentrar-se visualmente.

dos meus seminários formulou: "Agora eu simplesmente entendo meu chefe melhor. Todos os sinais que eu ignorei por tantos anos! A gente agora se entende melhor!" Esse sucesso inicial é sentido com bastante rapidez – e depois disso você treinará seu olhar afiado com prazer, proveito e alegria.

Arthur é mestre no olhar afiado. É bastante comum ele já reconhecer de longe o que se passa com o outro, e então falar: "Não precisa dizer, porque eu já vejo no seu rosto – aborrecimentos com o projeto?" Ele é um dos melhores gestores da sua empresa – o que não é nenhuma surpresa, já que consegue ler as pessoas como um livro aberto, e reconhece problemas que elas ainda sequer admitiram para si mesmas. O corpo não mente. E o rosto diz muito.

Os sinais do outro são claros – só precisamos reparar neles

Com um pouco de treino, torna-se um hábito: você ouve o interlocutor, fala com ele – e ao mesmo tempo presta atenção nos sinais do seu corpo. "É como um filme com legenda", opinou recentemente uma aluna. "Com o tempo, deixamos de perceber conscientemente que estamos lendo as legendas – acontece automaticamente." Assim que for esse o caso, você ganhará o que o mundo ao seu redor designará como empatia ou conhecimento humano. Tornando-se realmente boa nisso, as pessoas às vezes até suspeitarão que você tenha talentos telepáticos. Mas, na realidade, não é nada absurdo assim. Quem é capaz de interpretar a linguagem corporal do outro também consegue ler indiretamente os seus pensamentos, já que o corpo de uma pessoa reflete o que ela pensa. É por isso que a linguagem corporal é tão repleta de significados.

 Se você quer saber o que uma pessoa diz, ouça-a. Se quer saber o que ela pensa e sente, observe-a.

O que uma pessoa diz – e o que diz o seu corpo?

Adquira o hábito de ouvir o tempo todo e ao mesmo tempo observar. Ouça o que uma pessoa diz, compare com seus sinais corporais e tire suas conclusões.

 Quando existe correspondência entre a fala e a linguagem corporal, o indivíduo diz o que pensa e sente. O interessante é quando as duas linguagens se contradizem.

Em via de regra, quem não é versado na linguagem corporal ignora esses sinais reveladores – e cai no que as pessoas dizem. "Por mim tudo bem", diz Karl, e Julia então supõe que está mesmo tudo em ordem. "Faço isso logo depois", diz o funcionário de Carmen, e Carmen acredita nele. Mas ambas não deveriam fazê-lo. Pois, em ambos os casos, a linguagem corporal contradisse o que foi afirmado. Sabendo ler as "legendas", você fará as seguintes considerações:

Enunciado	Sinais corporais	Conclusão
"Por mim tudo bem."	olhar em outra direção, sem contato visual, voz monótona	Não está comprometido com o que diz; na verdade não está tudo bem.
"Acho bem, OK."	braços cruzados, boca crispada	Disse isso, mas está hesitante.
"Sim, compreendi."	olhar vazio, rosto inexpressivo	Quer se livrar de você.
"Faço isso logo depois."	mexe nos documentos sobre a mesa e desvia o olhar do seu	Na realidade, o seu grau de determinação não é dos melhores.
"Como você se atreve!"	aperta os dedos, olhar fixo	Ladra, mas não morde. Não é tão autoconfiante quanto aparenta.

Não exagere na interpretação dos sinais corporais!

Uma andorinha só não faz verão. Procure se precaver para não supervalorizar sinais corporais isolados, como se lê e ouve muitas vezes em livros e seminários genéricos demais sobre a linguagem corporal: "Braços cruzados significam que ele está contra você". Errado – ele pode muito bem-estar simplesmente inseguro.

"Sem contato visual – ele está mentindo." Errado. Ele pode muito bem só estar muito concentrado em seus pensamentos – ao fazê-lo, muitas pessoas justamente encaram o vazio.

Jamais devemos tirar conclusões precipitadas de um único sinal corporal. Os sinais corporais só são expressivos quando observamos em que combinação se apresentam.

Se alguém tira fiapos das mangas, isso não necessariamente quer dizer que esteja nervoso. Isso pode significar qualquer coisa. Mas se, além disso, ele passeia com o olhar pelo cômodo e desliza inquietamente sobre a cadeira, não restam dúvidas de que está nervoso.

Linguagem corporal no compasso da valsa

A competência na linguagem corporal ocorre no ritmo da valsa em três tempos:

1) Prestar atenção consciente nos sinais do outro (ler as "legendas").

2) Deduzir o seu significado.

3) Conferir se a interpretação está correta.

A conferência pode ser feita de forma direta (com perguntas) ou indiretamente. Um exemplo a esse respeito:

 Manuela: "Precisamos repassar mais uma vez o orçamento X."

Frank: "Sim, claro, precisamos". Ele fala por cima do ombro com Manuela, folheando a agenda de compromissos. Com base nesses dois sinais, ela presume que ele não faz sua afirmação tão a sério, e que ela precisará mais uma vez esperar dias para uma reunião com ele.

Mas ela não gostaria de repreendê-lo explicitamente por isso. Então ela prefere perguntar gentilmente:

"Você tem tempo mesmo para isso?"

"Sim, é claro" – diz ele sem olhar para ela, e sem se virar mais na sua direção. Seu interrogatório indireto não dará resultado, então Manuela pergunta diretamente:

"Vamos, diga logo – alguma coisa está te incomodando."

"Bem, é verdade..." Ele agora ao menos a fita de canto de olho, rindo constrangido.

"Mas não vai ser nada conveniente para mim." Agora ele a encara totalmente, gira os olhos para o teto e torce a boca.

"Vamos, diga logo!"

"Eu simplesmente não suporto esse cliente. Quando penso que depois vou ter que explicar a ele a mudança no orçamento..."

Prestando atenção nos sinais, no compasso da valsa, ela os interpretou e confirmou sua interpretação, a ponto de não precisar mais esperar dias e dias, como é de hábito, até Frank examinar o orçamento com ela. Em vez disso, os dois combinaram que Manuela explicaria sozinha ao cliente as alterações no orçamento.

Após esse acordo, Frank preferirá fazer os cálculos imediatamente, para acabar logo com isso. Ele nunca o fez tão rápido...

Manuela chegará ainda mais longe na empresa em que trabalha (ou em qualquer outro lugar). Pois ela sabe ler as pessoas como livros abertos. Quando compreendemos a língua em que o livro está escrito, não há problemas. Esse conhecimento linguístico é especialmente útil quando se trata de reconhecer se estão mentindo para nós.

A mentira dos homens tem perna curta

Homens mentem com mais frequência que mulheres. Todos os anos um novo estudo científico comprova o que somos capazes de verificar por observação própria. O mais grave, no entanto, é: as mulheres caem mais nas mentiras que os homens. Elas são crédulas.

Mulheres são crédulas demais.

O colega diz a Claudia: "O projeto não apresenta basicamente nenhum problema. Você pode assumi-lo com tranquilidade". Mas já na primeira reunião de equipe, o projeto revela-se atrasado e conflituoso. O colega claramente mentiu. Por quê? Para empurrar o projeto desagradável para uma colega crédula demais. Nenhuma surpresa: anteriormente, três colegas haviam examinado e recusado sua proposta impertinente – mas Claudia caiu na sua conversa.

É evidente que Claudia não deve chegar especialmente longe nessa empresa. Que sempre se aproveitam dela, e que ela não encontra muita satisfação no trabalho. Pois em algum momento até a mais crédula das mulheres percebe que é constantemente usada pelos outros. Claudia é uma das mulheres às quais os estatísticos se referem quando tratam da posição desfavorável feminina no ambiente de trabalho. Mas as estatísticas não nomeiam a razão: a simples falta de competência de Claudia na linguagem corporal. E essa falta é muito simples de remediar.

Quando converso com mulheres sobre esse problema, muitas vezes me surpreendo com o fato de todas o conhecerem e, com efeito, dizerem: "Eu já teria visto na cara dele que estava mentindo!" Pois é. Os sinais do corpo estão lá – somos nós que não os vemos ou ignoramos. Então só me resta apelar: mulheres, vejam os sinais! Às crianças pequenas nós pedimos para nos olharem nos olhos para descobrirmos se estão mentindo. Os sinais reveladores nas tentativas de engabelar são sempre os mesmos. Atente a eles:

Sintomas de mentira.

✓ olhar que desvia ou "flana";

✓ sorriso forçado: os dentes aparecem, mas os olhos não sorriem junto;

✓ corpo só um pouco voltado na sua direção (a linguagem corporal não é aberta, então as intenções também não são);

✓ mãos, dedos ou braços entrelaçados;

✓ modulação de voz acentuadamente apaziguadora e melosa, que deve deixá-la desconfiada em dobro: se tudo está tão às claras, por que então é necessário tranquilizá-la?

Mesmo que perceba apenas um desses sinais, é recomendável pisar imediatamente no freio e, no compasso da valsa (ver páginas anteriores), notar, interpretar e questionar.

Quando um homem sorri, você não deve deixar-se envolver inconscientemente, mas ativar a sua competência na linguagem corporal: no dia a dia, os homens sorriem significativamente menos que as mulheres. Quando um homem sorri, pode-se presumir por razões meramente estatísticas que ele esteja tramando alguma coisa. Se essa suspeita inicial se dissipar, você não terá perdido nada e nem ferido ninguém. Mas se ela se confirmar, você terá evitado que lhe passem a perna.

Se estiver insegura se alguém está ou não mentindo, o melhor é perguntar se as coisas realmente são como ele ou ela acabou de descrever: quando questionado, nenhum mentiroso consegue evitar deixar escapar pela linguagem corporal que está mentindo. O corpo não mente. Quanto mais intensivamente você questionar, mais intensos também serão os sinais corporais que desmascararão a mentira. Eles às vezes aumentam em tal frequência e intensidade a ponto de o mentiroso parecer viver uma explosão de sinais: ele aperta as mãos como louco, escorrega inquietamente para lá e para cá, seu olhar vagueia como um pássaro afugentado, sua voz soa atropelada o tempo todo...

O corpo não mente.

Um bom detector de mentiras pelos sinais do corpo também é a comparação com a linguagem corporal usual: alguém lhe diz algo de cuja veracidade você desconfia por ter observado um sinal revelador. Então pergunte – e simplesmente compare os sinais identificados com a linguagem corporal que o outro costuma usar em situações comparáveis no dia a dia: Ele está se comportando de forma visivelmente diferente? Então é imprescindível investigar mais a fundo. Pois algo nisso está cheirando muito mal...

Como os homens põem as mulheres contra a parede

As mulheres permitem com mais frequência que os homens as reprimam do que o contrário, nas esferas profissional, social e privada. Isso não se deve ao fato de os homens talvez terem argumentos ou habilidades melhores – via de regra, não é esse o caso. O motivo é a linguagem corporal. Como já vimos tantas vezes, a linguagem corporal dos homens é inconscientemente dominadora. Eles se estufam como o *cowboy* Django, falam alto e chegam perto demais. As mulheres veem isso e, inconscientemente, se permitem impressionar.

É incômodo e interessante ao mesmo tempo. Pois essa impressão não é causada do nada – ela se baseia em uma estratégia típica:

 A linguagem corporal sozinha não causa impressão dominadora. Ela só se torna dominadora se também for interpretada assim por você. Você só se impressionará no momento que pensar: "Mas ele sabe tudo!" E o que você pensa é algo que só você determina.

Quando os homens se fazem de Django, as mulheres geralmente pensam sem perceber: "Ele sabe o que está dizendo". "Ele deve ter bem mais experiência do que eu". "Mas que sujeito antipático". "Acho que me enganei totalmente". "Ele está sendo simplesmente desagradável". "Não sei – estou tão equivocada assim?" "Eu disse algo de errado?" "Agora já não tenho mais tanta certeza".

 As mulheres permitem que as coloquem contra a parede no trabalho e em outras situações porque interpretam erroneamente a linguagem corporal dos homens – a atitude de Django. Elas a interpretam de forma a reagirem se sentindo impressionadas, intimidadas, inseguras, aborrecidas, repugnadas, frustradas ou desconfortáveis – e por isso batem em retirada.

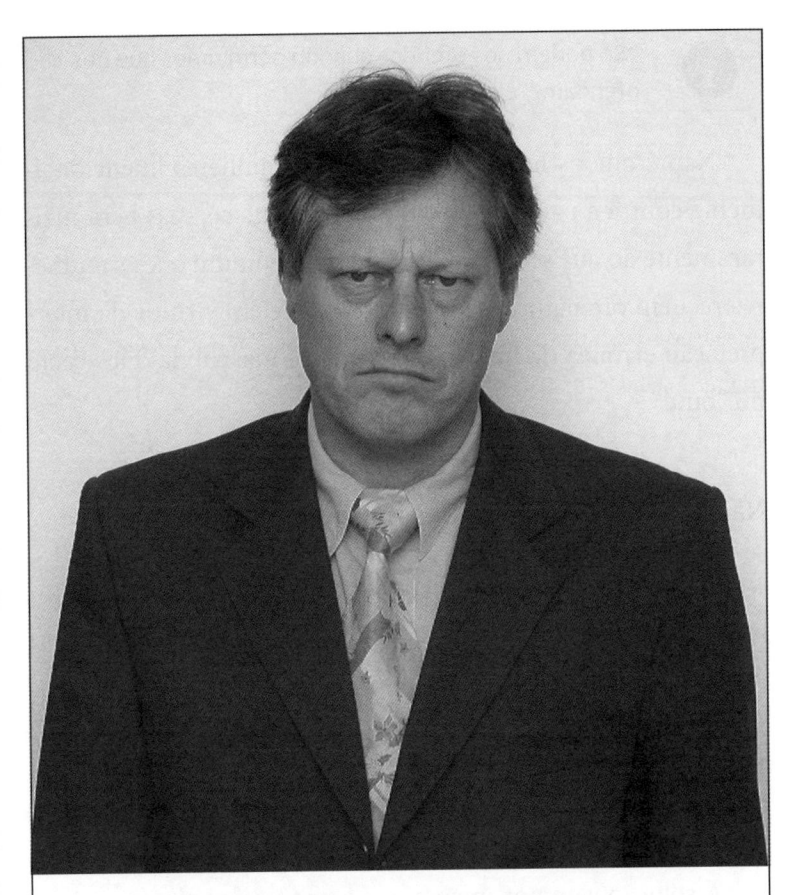

Imagem 18: O que você pensa quando alguém a encara assim? "Eu falei besteira!" (falso), ou "Todo cheio de si de novo!" (verdadeiro)?

A esse respeito, uma de minhas orientandas recentemente pousou o dedo no queixo e refletiu em voz alta: "Isso me lembra de uma brincadeira de que eu já não gostava quando era criança. Um menino dava um pulo e berrava, saindo de trás da casa: 'buu!' – e nós, garotas, corríamos dando gritinhos". A comparação de fato é um pouco crassa, mas em princípio está correta.

"Só podem nos ofender quando permitimos que nos ofendam." *Eleanor Roosevelt*

Não é que os homens coloquem as mulheres intencionalmente contra a parede – isso também acontece, mas bem mais raramente do que se supõe. É muito mais comum que as mulheres recuem prematura e equivocadamente em virtude da interpretação errônea da linguagem corporal masculina. Elas caem no "buu!"

Não caia mais nos truques masculinos

O fato de as mulheres recuarem com tanta frequência, embora na verdade não queiram e nem precisem, deve-se a dois pequenos erros:

✓ Elas percebem inconscientemente os sinais de dominação dos homens.

✓ Elas tiram conclusões erradas deles.

A solução vem novamente no compasso da valsa:

1) Note conscientemente os sinais dos outros.

2) Tome consciência das suas interpretações erradas que até então eram involuntárias.

3) Tire as conclusões corretas.

Os dois últimos passos são os mais importantes. Conversando com mulheres bem-sucedidas, é comum eu constatar que estão tão bem-treinadas nesses dois passos que sequer percebem mais que os executam. É decisivo reverter a interpretação errônea:

Se souber escolher a interpretação correta, você não permitirá mais que a coloquem contra a parede, e receberá o que deseja e lhe cabe.

Interpretação errada que provoca o recuo	Interpretação correta que a faz continuar firme
"Ele tem mais experiência do que eu."	"Ele está cheio de si."
"Ele está sendo desagradável."	"É ele que deveria estar desconfortável – comportar-se assim!"
"Mas que sujeito antipático."	"Esse seu ar de machão comigo não cola."
"Agora já não tenho mais tanta certeza."	"Ele quer me deixar insegura. Mas eu não vou permitir. Estou convencida do que penso – senão sequer teria dito nada!"
"Eu disse algo de errado?"	"Se está errado, por que ele não diz abertamente? E se está certo, por que ele está agindo assim?"
"Ele já sabe muito bem!"	"Ele está blefando. Primeiro ele ainda precisa me mostrar o que sabe fazer."
"Acho que fiz besteira."	"Ele está fazendo tempestade em um copo d'água."
"Ele está insatisfeito comigo."	"Ele sabe que no fundo eu entendo mais disso do que ele."
"Ele tem razão."	"Mas agora não se infle tanto, meu caro."
"Ele é o chefe, afinal."	"Se ele precisa bancar o chefe, ele pode. Isso não me impressiona. Afinal, o que importa é o conteúdo!"

Após seminários sobre a linguagem corporal, as mulheres sempre relatam se entusiasmar em como a interpretação dos ares de machão funciona:

✓ "Assim que reconheço conscientemente os gestos dominadores, eles deixam de agir sobre mim!"

Funciona!

✓ "É tão fácil enxergar através dos homens – quando sabemos fazê-lo."

✓ "São sempre os mesmos truques velhos e batidos que eles usam para tentar nos sujeitar."

✓ "Nas situações em que antes eu hesitava ou me conformava, agora vou atrás do que quero, porque não me deixo mais reprimir!"

✓ "Não me deixo mais intimidar pela presença bruta de alguns homens. Eu já a compreendo agora."

✓ "Enxergar além dos truques masculinos habituais me dá muita força interior, e uma presença decidida que irradia."

✓ "Antes eu me sentia simplesmente fraca em determinadas situações. Hoje sinto-me forte e autoconfiante nos mesmos contextos."

Não se trata apenas de os truques masculinos não funcionarem mais quando você escolhe a interpretação certa – eles passam até a ter o efeito contrário! Nada é mais ridículo do que um cão que ladra, mas não morde, depois de desmascarado. Se conseguir identificá-lo, isso lhe dará muita força: tudo era só fachada, e por trás dela não há literalmente nada. Ou ainda pior: tal fachada pretendia disfarçar a insegurança do homem, sem sucesso. Ou como uma participante formulou: "Os homens não são assim tão incríveis como eles tantas vezes se fazem. Eles estão simplesmente inseguros, e querem dissimular. No fundo, eu me compadeço dos machões". A libertação emocional por trás disso é algo que se pode sentir. Enxergar além dos truques de macho emancipa, dá asas, nos torna fortes.

Uma vez tendo reconhecido isso, você poderá deixar sua própria linguagem corporal falar: intimidar com um olhar afiado, invadir o espaço, descartar os argumentos falaciosos do machão com um movimento de desdém das mãos.

Carla é mestre na linguagem corporal. Sempre que um colega, chefe ou cliente arma um dos seus truques de machão a fim de intimidá-la, ela enxerga além da manobra, escolhe a interpretação correta e então bota para quebrar com a linguagem corporal: ela se recosta de forma acentuadamente relaxada, não diz nada e, sorrindo, mantém contato visual. "Isso tira qualquer machão do sério." Pois primeiro ele leva um choque, porque a manobra com que pressionou todas as mulheres até então a recuarem de repente não faz mais efeito. E, em se-

Reagindo certo aos ares de machão.

gundo lugar, ele reage com insegurança, pois agora cai ele mesmo no blefe de Carla: "Ela deve ter algo monstruoso na manga para reagir com tanta tranquilidade!"

Defendendo-se dos típicos truques masculinos

Os homens gostam de encarar durante a conversa, às vezes simplesmente sem dizer nada. Muitas mulheres acham isso extremamente irritante e indelicado, além de causar insegurança – pois mulheres não se encarariam com tamanha rudeza. Isso é visto como falta de educação e até agressividade. As mulheres reagem com irritação a esse ato de encarar, por não saberem que entre os homens é sinal de grande firmeza de caráter aparentar ser aparvalhadamente bruto como o John Wayne de antigamente. Muitas pensam nessa situação: "O que ele tem contra mim? Eu disse alguma idiotice? O que o incomoda em mim?" Mas ele está pura e simplesmente tentando parecer sério, experiente e competente. Essa é justamente a maneira masculina de tentar impressionar. O fato de não funcionar como eles pretendem ainda não foi absorvido por absolutamente todos os homens. Mas se conhecer o jogo, você poderá jogá-lo da forma que for: arregalando os olhos e mostrando-se impressionada, ou sorrindo e demonstrando que se impressionou. Ou simplesmente olhando de volta e observando o *cowboy* começar a engasgar, porque ele esperava qualquer coisa menos isso. Ao perceber a insegurança dele (às vezes é bonito de se ver quando o feitiço se volta contra o feiticeiro), você pode começar a sorrir bem devagar e prazerosamente. Esse sorriso vitorioso lhe mostrará que você sabe muito bem quem acabou de vencer o duelo de olhares.

Como os homens tentam impressionar.

 Quando os homens a encararem fixamente, não pense duas vezes, e simplesmente olhe de volta (de forma amigável ou não).

Os homens interrompem mais as mulheres do que o contrário. A maioria das mulheres também reparam nisso, e acham absurdo – mas não fazem nada a respeito (recuo!), ou "chiam": "Agora me deixe terminar de falar, por favor!" E ainda no tom embirrado e choroso de uma menina de seis anos. Depois disso talvez o homem a deixe terminar, mas ela terá caído no conceito dele, e feito sua fama de megera ou de molenga. A melhor receita contra ser interrompida continua sendo não se deixar desconcertar, e interrompê-lo você também para

Quem interromper por último venceu.

continuar o seu raciocínio, como se nada houvesse acontecido. Simplesmente interrompa o homem sempre que ele a interromper. Nessa última estratégia também vale: vence quem interromper por último. Só será preciso fazê-lo de forma consequente uma ou duas vezes, e o homem aprenderá, pois ele meramente precisava do estímulo de aprendizado correto.

Os homens chegam perto demais. "Parece que eles nunca ouviram falar de zonas de distância", queixou-se, no programa de treinamento, uma gerente de produto júnior sobre superiores, colegas e clientes. A zona de distância pessoal começa à distância de um braço do corpo. Alguns homens não a respeitam, e durante a conversa chegam literalmente perto demais. Algumas mulheres gostariam até de uma distância maior que um braço. Quando um sujeito se aproxima demais, muitas mulheres desviam dando um passo para trás, de maneira automática, espontânea e geralmente inconsciente. Tudo bem quando funciona – embora esse não seja um sinal corporal que expresse assim tanta autoconfiança. Mas infelizmente não dá certo com tanta frequência: o homem avança também. O que fazer? Como sempre, existem muitas possibilidades. Uma delas é o procedimento não verbal, bastando encará-lo fixamente com desaprovação. Outra é colocar um objeto entre vocês dois, que aumente a distância; um separador, assim por dizer. E – não importa se estão sentados ou em pé – também é possível trocar de lugar, de forma a concretamente posicionar algo entre vocês (mesa, cadeira etc.). Se reconhecer esses avisos não verbais, ele manterá distância. Mas se isso não ocorrer, recomenda-se a abordagem verbal: "Gostaria ainda mais de conversar com você se pudesse manter um pouco mais de distância". Reconheço que isso pode turvar por um momento a relação entre vocês, mas é inaceitável ter que tolerar isso durante uma conversa. Você tem todo o direito de esperar respeito e educação de pessoas civilizadas.

Os homens dispõem de todo um repertório de olhares soturnos. Entre eles está um olhar que, em todas as suas muitas variantes – desde o que desliza de cima para baixo até o de desaprovação paternal – pretende expressar um só significado: "Sou importante!" Nesse meio-tempo você **Sou importante.** já sabe que isso só funciona se admitido e interpretado dessa maneira. Esse conjunto não impressionará e cairá no vazio se você simplesmente pensar: "Não se faça de tão importante!" Ou: "Quem é realmente importante não precisa mostrá-lo franzindo a testa".

Muitas mulheres acham um gesto de dominação masculino especialmente irritante e chauvinista: apontar o dedo para as outras pessoas. As mulheres às vezes também o fazem – mas uma vez na vida e outra na morte. Alguns homens fazem isso o tempo todo para se dar ares de importância. Nós sabemos: esses gestos só funcionam se você permitir que a impressionem. E qualquer impressão se dissipa quando nos lembramos de como muitas mães repreendem os filhos quando eles começam com esse mau hábito de apontar o dedo. Às vezes também ajuda recordar a frase da escritora inglesa Mary Ann Evans que diz: "Ninguém comporta-se com mais arrogância, agressividade ou desdém perante uma mulher do que um homem que teme por sua masculinidade". À luz dessa noção, os gestos masculinos de dominação já parecem bem menos ameaçadores – para não dizer até sugestivos e um pouco embaraçosos.

Quando quiser decifrar rapidamente um homem, atente não para os seus gestos dominadores, mas para suas mãos: elas são o que mais o trai. O homem que a encara sombriamente a ponto de quase devorá-la com os olhos; que se esparrama na recepção despindo-a com o olhar; que a interrompe e ao mesmo tempo enterra as mãos até os cotovelos nos bolsos da calça ou do casaco; que cerra os punhos ou entrelaça os dedos – quem faz isso na verdade não é tão soberano como representa ser: na verdade está inseguro. Suas mãos revelam isso. Pois com as mãos só conseguimos fingir por pouco tempo e com muita dificuldade qualquer coisa que realmente não estejamos pensando ou sentindo. Em algum momento elas começam a se agitar, se contrair **Preste atenção nas mãos!** ou se esconder – e assim a conduta de dominação se revela uma mera tempestade em copo d'água. Preste atenção nas mãos.

Mulheres e clientes

É comum as mulheres temerem agressões verbais no ambiente de trabalho. Tais ataques verbais realmente ocorrem vez ou outra, mas nesse contexto muitas vezes ignoramos um perigo que se manifesta com bem mais frequência: o homem fica na moita com sua opinião "porque a uma mulher não se pode dizer na cara que ela está falando besteira", como recentemente ouvi um cliente de grande porte admitir em relação a uma gerente de conta sua. A intenção dele era realmente ser cordial, para poupar a funcionária. Mas com esse comportamento bem-intencionado ele acabou deixando-a em "maus lençóis". Pois ela caiu das nuvens quando, no fim da reunião, ele recusou redondamente sua proposta de projeto. O que teria acontecido?

Durante a conversa, o cliente recuara internamente. Muitos dos seus sinais corporais demonstravam isso: ele "se fechava", recostava-se para trás (para longe da interlocutora), cruzava os braços na frente do peito e franzia a testa. A gerente de conta não reparou nisso. Quer dizer: seu subconsciente de fato percebeu os sinais, mas interpretou-os quase de passagem: "Ele está ouvindo com atenção e se esforçando para acompanhar". Posteriormente, ela assustou-se com o erro nessa interpretação. Mas quando, durante uma conversa, notamos os sinais corporais do interlocutor apenas no subconsciente, tais interpretações equivocadas são inevitáveis. A mulher estava concentrada de tal forma no que tinha a dizer que interpretou os sinais do interlocutor apenas superficialmente, e por isso de maneira equivocada. Foi esse o verdadeiro erro.

 A conversa ideal não é um monólogo. E sequer é um diálogo. É bem mais um processo de sintonização: argumentar – observar o efeito sobre o outro – confirmar o efeito por meio de perguntas, se for o caso – modificar a argumentação de forma correspondente – observar... e assim por diante.

Observando mulheres de negócios bem-sucedidas, você constatará que elas falam surpreendentemente pouco quando querem conseguir algo. Normalmente acontece o contrário: quanto mais e intensamente alguém quiser conseguir algo, maior será a avalanche de palavras que ele soltará. Então por que as mulheres de negócios bem-sucedidas falam menos e conseguem mais com isso? Porque elas observam muito. Muitas vezes só precisam de uma frase para observar um efeito sobre o interlocutor. A seguir dizem outra frase, para guiar o efeito na direção certa – e assim por diante. Depois de poucas frases o interlocutor já estará onde elas gostariam que estivesse.

 Divagações na argumentação muitas vezes são sinal de pouco conhecimento da linguagem corporal. Quem sabe ler corretamente o outro precisa de poucas palavras para alcançar o seu objetivo.

Isso também vale, aliás, para o telefone.

Linguagem corporal ao telefone

É evidente que todos os princípios da linguagem corporal que você aprendeu nestas páginas também valem para conversas ao telefone. Em telefonemas, obviamente não é possível observar vocábulos da linguagem corporal como olhar, expressão facial, gestual e postura, mas o quinto e último vocábulo – a entonação da voz – basta totalmente para enxergar além no outro, e conduzi-lo na sua direção.

Elvira é funcionária administrativa, e um ás do telefone. Enquanto os colegas se põem a tagarelar vivamente para "vender" uma data interessante para uma visita externa, Elvira presta atenção em cada pigarro, cada respiração audível, cada hesitação, oscilação do tom de voz e em cada um dos chamados sinais paraverbais, como "hum", "eh" "ah", "oh". Ela diz: "É comum eu prestar bem menos atenção no que as pessoas estão contando. Bem mais importante para mim do que aquilo que contam é o que me dizem nas entrelinhas na comunicação não verbal. Pois assim eu reconheço o que elas realmente pensam e sentem". No escritório o desempenho de Elvira é notório: ela tem a melhor *hit rate*, ou seja, o maior número de agendamento de visitas a cada cem ligações, e nelas, o *hit time* mais curto (minutos de ligação até o sucesso do agendamento). Por isso ela tornou-se a nova gerente de treinamento conversacional para todo o escritório.

 Precisamente ao telefone, quando não vemos o interlocutor, a competência na linguagem corporal muitas vezes tem ainda mais valor do que conversando pessoalmente. Pois ao telefone você não pode impressionar o outro com a sua aparência! Só se pode impressioná-lo sintonizando-se com ele da melhor forma – e isso só se consegue sendo capaz de interpretar seus sinais da linguagem corporal na entonação da voz.

A prática faz a mestre

Quando estiver em uma conversa que simplesmente não sai do lugar; quando tiver a impressão de que um homem a está colocando contra a parede; quando tiver mordido a isca de um machão, então naturalmente será tarde demais para começar a decifrar a linguagem corporal do outro. Coisas assim deixam de acontecer quando você se torna capaz de interpretar os sinais. E você só se tornará capaz se simplesmente praticar um pouco em toda e qualquer oportunidade que surgir.

Treinar normalmente é um pouco chato. Mas o treino da decodificação dos sinais corporais é, por sua vez, uma verdadeira diversão. Ele acaba com o tédio, e é muito prazeroso treinar um pouco **Observe as pessoas!** aqui e ali nos entrementes. Por exemplo: no estacionamento, no elevador, no caixa do supermercado, no corredor do escritório, na sala de reunião, na parada de ônibus... Simplesmente observe as pessoas: O que a linguagem corporal delas me diz? Como elas estão se sentindo? O que estão pensando? Você sentirá como é inigualável o prazer de repentinamente entender muito bem os outros, de enxergar através deles, de descobrir suas reais intenções e sentimentos. Isso a aproximará muito das pessoas. E elas também reagirão de forma muito positiva a você, pois sentirão naturalmente que se trata de alguém que as compreende muito melhor do que as outras pessoas.

 A compreensão é a chave para o sucesso e a popularidade. Quanto melhor você souber ler os sinais corporais, melhor você entenderá as pessoas.

7

Autoconfiante e focada:
é hora do seu *show*!

O sucesso nos cai bem

Mulheres bem-sucedidas profissionalmente têm uma linguagem corporal totalmente própria. Vemos sucesso nelas, literalmente; você também já reparou nisso? Às vezes, quando estou sentada no *lobby* esperando alguém, passo o tempo fazendo um jogo de adivinhação: quando uma mulher entra pela porta, tento adivinhar que cargo ela tem ou aspira ter. Raramente eu erro: geralmente notamos à primeira vista em uma mulher bem-sucedida que ela tem aquele algo a mais, ou aonde ela quer chegar.

Quando vemos uma mulher bem-sucedida, sentimos um sobressalto interior, um impulso positivo. Também queremos para nós um pouco daquele êxito. E é justamente no que trabalharemos neste capítulo.

Aprenda com exemplos

Sempre que os seus olhos virem uma mulher bem-sucedida – tanto faz se ao vivo ou na mídia –, observe-a. De fato isso é algo que todo mundo já faz, mas a maioria das pessoas não sabe no que deve prestar atenção. Mas agora você já aprendeu. Você conhece o vocabulário da linguagem corporal. Você sabe para o que deve atentar:

✓ Como essas mulheres de sucesso se mostram?

✓ O que elas fazem de diferente? Diferente de você?

✓ Como são os seus gestos, a expressão facial, a postura?

✓ Como elas andam e param em pé?

✓ Como elas se vestem?

✓ Como elas entonam a voz?

✓ Que efeito observável elas provocam nos outros com isso?

✓ Quais sinais sugestivos você pode adotar? Quais também combinariam com você?

Ao fazê-lo, compreenda de forma inteligente o conceito de exemplo: ninguém é exemplo em absolutamente tudo. Mesmo mulheres de muito êxito também cometem gafes corporais regularmente. Isso serve de consolo, mas não diminui o exemplo que elas representam.

 Quando vir um sinal sugestivo em uma mulher cujo efeito lhe agrade, e que também combinaria com você, adote-o, experimente e observe o resultado!

Encare o aprendizado pelos exemplos como um complemento conveniente aos seus outros esforços para aprender. Se quiser melhorar algo no seu gestual ou na expressão facial, melhore o que desejar – e complementarmente também observe como as mulheres de sucesso empregam seus gestos e sua expressão do rosto. Isso ajuda, fornece novas ideias e estímulos e facilita e acelera o seu aprendizado próprio.

Busque exemplos também – e justamente – dentro da sua própria empresa. É ótimo quando eles são mulheres em um nível mais alto da hierarquia. Mas se ficar impressionada com a forma como uma funcionária "pequena" se coloca – em um conflito ou diálogo pessoal, por exemplo; se descobrir um gesto sugestivo interessante e eficaz nela, então agradeça mentalmente à colega, e incorpore-o. O ideal é conseguir encontrar na própria empresa uma "mentora" em que possa se espelhar. Espelhar é um comportamento de aprendizado inteligente.

Mas tenha cuidado: não imite quem você tomar de exemplo! Pois **É inteligente copiar.** imitar causa a mesma impressão de uma cópia: artificialismo. E o que é artificial não funciona.

Incorpore elementos que combinem com o seu estilo pessoal, adapte outros deles ao seu estilo e esqueça qualquer outro que simplesmente não lhe caiba. Adote somente o que soar autêntico em você, em vez de copiar cegamente os seus exemplos.

O que as mulheres bem-sucedidas fazem de diferente?

Mesmo os leigos na linguagem corporal muitas vezes reparam que mulheres bem-sucedidas comportam-se diferente, têm presença diferente, transmitem um semblante totalmente distinto. Mas o que exatamente elas fazem de diferente? Observando atentamente e aplicando a competência na linguagem corporal adquirida por você nas páginas anteriores, sete pontos chamarão a sua atenção. Não é nenhuma surpresa que esses sete pontos também sirvam de base e como pontos principais dos sete capítulos deste livro:

✓ *Autoconfiança e autoafirmação* (ver Capítulo 1). Geralmente se pode reconhecer à primeira vista aquilo que as mulheres de sucesso não são: na vida profissional, elas geralmente não marcam presença como a filha obediente ou a colega sempre gentil, a loirinha que gosta de se mostrar ou a gatinha da firma, a sisuda sem sal ou a mocinha retraída, a que só diz sim ou consente sem dizer nada, a invisível ou a diva, o tipo reservado ou a fofoqueira. Sua presença é bem mais marcada pela autoconfiança. Elas se afirmam todos os dias de forma consciente e ativa no mundo dos homens, com seu estilo próprio, sua competência e suas exigências. Elas assumem esse risco diariamente. Quando observamos uma mulher bem-sucedida, sempre temos a impressão de que ela é autoconfiante e também sabe se afirmar. Como ela faz isso?

✓ *Presença autoconfiante e focada* (ver Capítulo 2). Quando uma mulher tem metas profissionais sérias, é possível percebê-las. Sua presença é mais consciente e eficaz. Elas têm consciência do efeito da linguagem corporal sugestiva e do seu próprio efeito sobre os outros, e empregam-nos conscientemente para conquistar no âmbito profissional e social o reconhecimento, o retorno e a posição que desejam. Elas se mostram ao invés de se esconder, e fazem o mesmo com a sua autoconfiança. E, ao fazê-lo, têm a vantagem de essa demonstração não parecer arrogante ou machista como acontece com muitos homens. Quando uma mulher desperta a impressão de que qualquer ventinho a derruba, você pode ter certeza que os outros vão tentar. Há anos, a minha filosofia é: só terei sucesso se não deixar surgir qualquer dúvida de que também quero ter esse sucesso. Você pode fraquejar de vez em quando com o amado, com a mentora, com o treinador ou com a melhor amiga, e saborear isso – mas não na profissão! Não em um contexto que diga respeito aos seus desejos, às suas metas e à carreira. Pois isso significaria, literalmente, dar um passo para trás, do qual muitas pessoas estão à espreita no mundo dos homens. E como é, concretamente, essa presença notável das mulheres de sucesso?

✓ *Mostrar presença.* Mulheres bem-sucedidas são presentes, e justamente onde isso conta – quando se trata de ir buscar algo no campo em que você semeia os seus sonhos para então poder colhê-los. Elas mostram-se em apresentações, conferências, reuniões de projeto, eventos, seminários, congressos e palestras, tanto como oradoras quanto como ouvintes. Elas não estão lá para cumprir quotas de presença emancipatória – elas se impõem. Elas abrem a boca, participam da discussão, assumem responsabilidade por si e pelos outros, pisam sob os holofotes e fazem boa figura. Muitas mulheres têm consciência absoluta do valor de eventos como esses, que tantas companheiras de gênero temem. Tais eventos para mostrar presença são chamados por muitas delas de "exibição" ou "apresentação de autoapresentação". É justamente isso – em adição às competências técnicas, também dependemos precisamente disso se queremos ir mais longe. As mulheres de sucesso não só compreenderam isso, como também o dominam primorosamente. Quando uma mulher sabe se apresentar e intermediar discussões realmente bem, ela bate visivelmente a maioria dos homens. Muitas participantes dos nossos seminários sobre apresentações tiveram essa experiência. Se você leu com atenção o Capítulo 3, vai notar que, em eventos de apresentação como esses, a linguagem corporal de mulheres bem-sucedidas corresponde substancialmente ao que foi lido nele.

✓ *No mesmo nível do interlocutor.* Na comunicação a dois – ou seja, em diálogos com chefes (aumento de salário!), clientes (pedidos!), colegas (concorrência amistosa!) e funcionários (desempenho de liderança!), as mulheres bem-sucedidas têm presença bem diferente daquela das mulheres de menos sucesso. As de maior êxito não são, porém, as típicas mulheres de negócios que os rumores sobre elas retratam. É verdade que existem megeras duronas como essas, mas quem realmente as tomaria de exemplo? Não – as profissionais e mulheres de negócios mais bem-sucedidas mostram-se muito charmosas e cordiais – mas tudo menos "máquinas de reverências", como expressou certa vez uma das minhas alunas: "Desde que deixei de ativar automaticamente o modo de recuo durante diálogos, sinto-me consideravelmente melhor no trabalho – e consegui mais sucesso também!" Nos diálogos a dois – e principalmente neles –, as mulheres bem-sucedidas também jamais deixam surgir dúvidas sobre sua autoconfiança, competência e as ambições que almejam. Elas tiram proveito dessas conversas para assumir posições e esclarecer seus pontos de vista. Como isso ocorre predominantemente pela linguagem corporal, o efeito não é como o de muitos homens, que defendem seus interesses diante de todos com grandes investidas verbais, gabando-se ou ferindo pessoalmente. Considere os sinais sugestivos que você conheceu no Capítulo 4 e experimente observar mulheres de sucesso enquanto conversam: você reencontrará muitos dos sinais discutidos (e outros!).

✓ *Competência em conflitos.* Durante conflitos, mulheres bem-sucedidas ousam ser vistas como mulheres de autoridade – com o repertório completo da linguagem corporal. O principal: elas ganham o conflito! Colegas de menos êxito iniciam o recuo na linguagem corporal bem antes de revelarem também verbalmente o seu ponto de vista. Mulheres bem-sucedidas lidam com conflitos na ofensiva. Elas são dignas dos seus sonhos e objetivos! Elas não deixam mortos, só levemente feridos, quando tem que ser. Ainda é melhor do que ter que arcar sozinha com todos os danos do conflito, e fazer o papel de idiota. Mulheres de sucesso não se deixam subjugar – elas são fiéis a si e aos seus objetivos. O repertório da linguagem corporal para tal você já conhece do Capítulo 5. Mulheres de sucesso o usam. Utilize-o também.

✓ *Olhos para os outros.* Mulheres bem-sucedidas têm olhos para a linguagem corporal do outro. Elas sabem, por exemplo, com quais sinais os homens se traem e com quais eles sinalizam inconscientemente fraqueza, insegurança ou dúvida. Elas também sabem quais são os interesses e necessidades que eles não expressam abertamente (mas de maneira não verbal). Mulheres bem-sucedidas conseguem ler os outros como um livro aberto por meio dos sinais deles e aprofundar-se em seus sinais ocultos. Se observar, por exemplo, como o seu chefe dominador contradiz seus próprios e brutos ataques verbais com suas mãos nervosamente crispadas, você nunca mais se afligirá com os surtos dele, ou sequer se deixará impressionar com isso. E mais ainda: você poderá lidar com a insegurança latente dele, resolver a situação e assim ainda prestar outro serviço ao chefe. Esse olhar mágico não é inato. As mulheres de sucesso também precisaram adquiri-lo. Você também pode fazê-lo, no Capítulo 6.

✓ *Competência para mudar.* A presença virtuosa, a apresentação autoconfiante e a impressão soberana não vêm por acaso nas mulheres bem-sucedidas. Isso não é algo que vem de berço ou que é ensinado na creche, como é comum tantas mulheres suspeitarem. Essa presença autoconfiante não acontece por si só. As mulheres de êxito a conquistaram. Como? Trabalhando conscientemente nela – o que tipicamente continuam fazendo até hoje. Uma profissional do sexo feminino, membro da diretoria de uma empresa, disse durante um treinamento: "Preciso procurar de novo uma consultoria de cores para o meu guarda-roupa. Eu gostaria de levar um pouco mais de cor ao andar do conselho". Gracejo desnecessário? Não – ela sabe o quanto a primeira impressão que ela causa em colegas, clientes e parceiros de negócios é importante. Ela trabalha constantemente na sua presença. Só assim ela pode ter certeza de fazer sempre boa figura. Pois a apresentação própria não é um estado que se estabelece uma vez e depois dura por toda a eternidade. A presença é um processo constante, do qual também devemos cuidar continuamente com inteligência. Uma gerente de área relatou-me que, antes de apresentações e reuniões importantes, ela se coloca na frente do espelho e se pergunta: "Eles me levarão a sério hoje?" Ela então experimenta a expressão facial, o gestual, a entonação de voz e a vestimenta adequados para o efeito que deseja provocar nessa situação específica.

Com isso, chegamos ao cerne deste capítulo: Como você pode chegar a uma postura autoconfiante? Como se apropriar do repertório da linguagem corporal sugestiva? Como colocar em prática da forma mais simples, rápida e eficaz possível o que você leu nos capítulos anteriores? Com o seu programa pessoal de treinamento.

Seu programa de treinamento: escolha sua estratégia de mudança

Muito do que você já leu nos capítulos passados deve ter feito sentido para você, se é que já não pareceu conhecido. "Estou sabendo, não é nada de novo." O que é isso? Uma opinião. Além disso, é também uma estratégia de mudança que pode ser traduzida como: "Como eu já conheço e compreendo, não preciso fazer mais nada". Qual é o grau de sucesso dessa estratégia? Qual é o sucesso que você teria se ela fosse para construir uma casa ou assar um bolo? A estratégia fracassaria. Pois conhecer e compreender uma receita de bolo não faz surgir nenhum bolo (por mais que pudesse ser ótimo e poupar tempo de vez em quando).

Muitas mulheres com que converso pensam, por exemplo: "Sim, sim, eu já sei disso. Nos conflitos as mulheres enviam muitos sinais de recuo". Então elas saem da sala, e dali a pouco tempo, quando as observo por acaso em um conflito, fazem justamente o que falaram: agitam a bandeira branca não verbal enquanto ainda lutam verbalmente por uma posição da qual o seu corpo já desistiu minutos antes. Saber não é o mesmo que fazer. Nesse sentido, as mulheres bem-sucedidas não sabem mais que as demais. Elas não conhecem mais sinais sugestivos, ou os melhores deles. Elas não são mais inteligentes e nem mais atraentes, como às vezes se diz por aí (como argumento

Saber não é o mesmo que fazer.

de defesa). Elas têm apenas uma única vantagem: a estratégia certa de mudança. Elas não só sabem como se parece a linguagem corporal de uma mulher bem-sucedida: elas a colocam em prática.

O saber instrui – a ação leva ao sucesso

Se você realmente quer mudar algo em sua vida, então escolha uma estratégia que promova mudanças de verdade. Isso soa como muito esforço e trabalho duro? Não precisa ser assim. Existem estratégias de mudança que não exigem esforço desproporcional nem ser dura demais consigo própria, e além disso são leves e simples e amplamente conhecidas.

Comece nos detalhes!

Uma das melhores estratégias de mudança continua sendo: comece com algo bem pequeno! Tal estratégia pode soar trivial, mas precisamente essa trivialidade é algo que muitas mulheres não alcançam após concluírem a leitura de um livro a respeito: "Agora eu vou revolucionar a minha vida!" Essa resolução sozinha já basta para reduzir sua probabilidade de sucesso a quase zero. Pois uma batalha como essa, simultaneamente em todos os *fronts*, é inevitavelmente perdida, porque você se exige demais e não consegue continuar após tantas experiências frustradas.

Comece pensando pequeno, então. Não é preciso sufocar-se como em uma camisa de força. Processos de mudança são mais agradáveis, e ao mesmo tempo mais bem-sucedidos, quando fluem organicamente. Por isso, escolha como um pequeno primeiro passo algo que você tenha marcado (mentalmente) durante a leitura dos capítulos anteriores. É pequeno o bastante para ser o início? Então comece por ele.

Planeje os seus êxitos!

Em caso de dúvidas, prefira escolher uma primeira meta um pouco menor. Isso não é pouco confiante: apenas inteligente. Pois fracassar em grandes objetivos é muito aborrecedor, enquanto um diminuto sucesso nas pequenas coisas é valioso. Com um primeiro objetivo de mudança tão pequeno, você terá logo um início de sucesso. Esse êxito a inspirará para dar o próximo passo – e assim sucessivamente. Você está vendo: se planejar com inteligência os seus sucessos, você sempre terá alguns que a motivem a aspirar a novos êxitos.

Por saber dos meus seminários e treinamentos que muitas mulheres jogam alto demais por pura ambição na hora de decidir o que é "pequeno" e o que não é, apresento a seguir alguns exemplos:

Meta grande demais	Meta menor correspondente
"Não vou mais me deixar oprimir em reuniões!"	"A partir de agora, imporei meus pontos de vista nas reuniões com o dobro da frequência."
"Em situações de estresse, vou perder o hábito de agitar as mãos."	"Sob estresse, vou prestar mais atenção nas minhas mãos e refreá-las o quanto puder."
"Nos conflitos, não transmitirei mais sinais de recuo!"	"Mesmo durante conflitos, manterei contato visual firme."
"Eu não caio mais em gestos dominadores!"	"Vou me acostumar a perceber conscientemente os gestos de dominação."

Acabe com os aborrecimentos!

Se atacar algo que a irrita há tempos na sua própria presença, essa irritação lhe dará a energia e a motivação necessárias para uma mudança com bons resultados. Declarações de intenções. Muitas mulheres dizem, por exemplo, no fim dos meus seminários:

✓ "Nas reuniões, eu gostaria de finalmente abrir a boca com mais frequência e decisão."

✓ "Fico irritada que os meus colegas bem-intencionados me interrompam tanto. Agora isso acabou!"

✓ "Agora, se alguém vier com falcatruas comigo, vou manter contato visual e demonstrar força!"

Nessas declarações de intenções sentimos claramente haver energia suficiente para torná-las realidade. A raiva, se usada com inteligência, é uma excelente fonte de energia para as mudanças. Os sentimentos são sempre os melhores motivadores.

Se escolher uma dessas estratégias de mudança (também é possível combiná-las ou alterná-las), não se preocupe se achar que está começando pequeno demais ou se esquecendo de coisas importantes: a linguagem corporal é um tema amplo. Mesmo começando pelas bordas ou por um aborrecimento, automaticamente você chegará ao grande todo, já que cada subtema está, direta ou indiretamente, interligado a muitos outros. Quem, por exemplo, está trabalhando na sua presença em apresentações (ver Capítulo 3), cedo ou tarde conseguirá automaticamente que sua própria presença se torne mais eficaz quanto melhor os sinais dos outros sejam percebidos, compreendidos e respeitados (ver Capítulo 6).

Se você desejar, porém, proceder de forma mais metódica e sistemática, também é possível seguir a estratégia universal para mudanças na linguagem corporal que examinaremos melhor a seguir:

✓ Análise sincera da situação: Que impressão você transmite?

A estratégia universal.

✓ Escolher suas prioridades.

✓ Manter-se autêntica.

✓ Observar o seu efeito.

✓ Mudar a forma como se mostra até alcançar o efeito correto.

Que impressão você transmite?

Diz a sabedoria popular que "você é visto como você se mostra". Se você agir como uma mocinha retraída ou meramente como uma colega gentil, você será vista e tratada justamente como a mocinha retraída ou como uma colega que é simplesmente gentil. Muitas mulheres se admiram com o fato de não conseguirem se impor, ou de simplesmente não serem levadas a sério. Um sinal seguro de que você não conhece esse ditado ou não sabe usá-lo: você não tem consciência do efeito que exerce sobre os outros. Você é a sisuda sem sal ou pura e simplesmente gentil, mas não percebe que causa essa impressão nos demais! É a verdadeira tragédia no significado frequentemente ignorado da linguagem corporal: muitas mulheres percebem de forma realmente dolorosa que não são levadas a sério, que não são capazes de se impor em determinadas situações. Esses são os sintomas de estar em situação ruim. As causas raramente são reconhecidas: a própria presença e o efeito que ela exerce sobre os outros.

Por isso, o primeiro passo para a aquisição de linguagem corporal sugestiva é uma análise sincera e impiedosa da situação. Analisar-se sempre significa se fazer perguntas mais aprofundadas, insistir nelas e respondê-las sinceramente:

Analisar-se.

- ✓ Qual é o efeito que você geralmente exerce sobre os outros?
- ✓ Que impressão você irradia, via de regra?
- ✓ Que efeito você exerce sobre si própria e (em oposição a isso) sobre os outros?
- ✓ Qual o seu efeito sobre os outros em situações que dizem respeito principalmente a você?
- ✓ Qual o *feedback* que os outros lhe dão sobre a impressão exterior que você causa? (que você possivelmente ignorou até agora – o que é perdoável)
- ✓ Como os outros reagem a você?
- ✓ É essa a reação que você deseja obter?

Tais perguntas certamente são um pouco espinhosas. Elas exigem coragem, superação e força de vontade interior, pois as respostas muitas vezes nos fazem revelações desagradáveis. Mas tais revelações são o primeiro passo para melhorar.

 Se você não está satisfeita com o seu efeito sobre os outros em determinadas situações, é recomendável atacar o que motiva esse efeito: a sua presença.

Sem essa revelação não haverá mudança. Uma vez tendo se apropriado dela, ela também lhe dará coragem e força para realmente mudar alguma coisa.

Minha aluna Sylvia afirmou recentemente: "Está correto. Da maneira como me movo devagar pelos corredores da empresa, com certeza alguns pensam que daria para consertar minha calça enquanto eu ando!" Isso dói – mas desde então ela anda com passos mais rápidos, decididos e dinâmicos pelos recintos da empresa (mesmo quando vai só buscar um café) – e já recebeu *feedback* a respeito. Um colega disse: "O que aconteceu com você ultimamente? Está trabalhando em algum projeto superimportante?" Era esse o efeito que Sylvia queria alcançar. Para ela, sua análise sincera e a adoção dos sinais sugestivos já valeram a pena.

Por anos a fio Sylvia cumpriu suas tarefas com grande competência e engajamento ainda maior. No seu ponto de vista, isso não era reconhecido o bastante, e sua opinião era de não ser levada suficientemente a sério. Não porque não estivessem satisfeitos com o seu trabalho, mas porque – como a análise da sua linguagem corporal demonstrou – ela arrastava-se com a velocidade de uma duna movediça pelos corredores, entre outros (nas reuniões sua linguagem corporal também não era dinâmica).

Há pouco tempo isso mudou. Dirigem-se a ela de forma diferente, ela é notada, tratada com respeito, às vezes até vista como "importante" – e, para isso, ela não precisou mudar sequer uma vírgula no seu trabalho! Ela mudou "apenas" a sua presença. E já está sendo tratada de maneira diferente. Porque se mostra de modo distinto.

Isso talvez possa até parecer injusto. Mas Sylvia, por sua vez, não poderia estar mais satisfeita com sua nova presença, seu novo efeito e sua nova imagem na empresa.

Para uma autoavaliação sincera da própria linguagem corporal, às vezes recursos próprios como coragem e observação não bastam. Então basta pedir ajuda à sua mentora (encontrar uma, se possível), à melhor amiga, a uma colega de trabalho a uma treinadora profissional em linguagem corporal ou a uma instrutora profissional de negócios (do sexo feminino, evidentemente).

Escolha suas prioridades

Durante a avaliação impiedosa do efeito da sua linguagem corporal, tome nota de todos os pontos que sejam dignos de aperfeiçoamento. Faça uma lista, se possível no computador. Pois na tela você poderá organizar a lista em uma sequência que corresponda às suas prioridades. Fica a seu critério como estabelecê-las. Faça por instinto, ou segundo critérios totalmente sensatos: os cinco pontos mais importantes que gostaria de melhorar primeiro na sua presença.

Então comece pela prioridade mais alta, e siga trabalhando até o último ponto – se um procedimento estruturado como esse lhe aprouver. Se não for o caso, eleja sua própria estratégia de mudança. Pois uma estratégia própria tem ainda mais valor do que uma desconhecida que não lhe agrade (por trazer melhores resultados). Trabalhe na prioridade atual até ficar satisfeita com o resultado.

Por exemplo: há pouco tempo, uma de minhas alunas queria trabalhar urgentemente para perder o hábito de suas "mãos agitadas" durante apresentações – ou seja, ser mais econômica nos gestos. Essa prioridade principal mostrou-se muito dura: depois de três semanas e duas apresentações, suas mãos continuavam se abanando. Após três meses e quatro outras apresentações, ela finalmente conseguiu acalmar de forma visível as suas mãos.

Então partiu para a segunda prioridade – que depois de uma semana já funcionou a ponto de deixá-la satisfeita. Cada prioridade tem seu próprio tempo de maturação.

Mantenha-se autêntica

Evite, em qualquer hipótese, o erro mais comum em tentativas de mudanças na linguagem corporal: ensaiar expressões ou postura corporal, e retocar tensamente determinados gestos. Os piores materiais de aconselhamento são os que recomendam isso explicitamente. Pois mesmo para leigos, isso termina parecendo forçado e artificial. E esse não é o efeito que você deseja alcançar. Outros materiais apenas fazem menção implícita aos ensaios, sugerindo, por exemplo: "Braços cruzados sinalizam estabilidade". Então muitas pessoas concluem: "Se eu cruzar os braços, meu interlocutor verá que não vou ceder em hipótese alguma". Você já experimentou observar um homem que está de frente para uma mulher de braços cruzados? Para onde ele ficou olhando? É esse o efeito que a mulher queria conseguir?

 Tanto faz quais sinais corporais sugestivos você queira aplicar no futuro: em qualquer circunstância, mantenha-se sempre autêntica!

Não incorpore nada que não lhe pareça genuíno na sua pele. Jamais copie poses ou gestos cujo sentido – e efeito, sobretudo – não lhe sejam totalmente evidentes, e que não combinem com você de verdade. Não ensaie quaisquer gestos, nem os chamados *power moves* (movimentos poderosos), com os quais é comum as pessoas se entusiasmarem bastante após treinamentos ruins de linguagem corporal (até que eles revelem o quanto são ridículos). Um gesto pequeno e autêntico

Não copie nada que não combine com você!

é melhor do que qualquer gesto grandioso ensaiado. Pois o ser humano tem um faro bastante apurado para o que é artificial.

Se durante a sua análise (ver páginas anteriores), por exemplo, você descobrir que no contexto profissional suas mãos causam impressão frequentemente inexpressiva, insegura ou tensa, não comece de repente a gesticular como um italiano! (Nada contra italianos!) Justamente por não combinar com você, o resultado seria apenas estranheza e hilaridade involuntária. Mantenha-se autêntica, o que quer dizer: menos é mais. De início, movimente suas mãos apenas um pouco mais – de modo cuidadoso, dosado e bem refletido. Se não souber quais gestos, expressões ou posturas são autênticos em você, basta observar-se no contexto privado, quando estiver à vontade: Quais sinais corporais você envia nessa situação que correspondem aos sinais dignos de melhorias no contexto profissional? Então aproprie-os da esfera privada para a esfera profissional, eventualmente após uma ligeira adaptação.

 Lembre-se: o espelho será o seu melhor amigo se quiser melhorar algo na sua linguagem corporal e na sua presença. Confie no seu julgamento diante do espelho: se ele lhe mostrar uma imagem afetada, também será esse o efeito sobre os outros.

Manter-se autêntica significa: não mude imediatamente todo o seu estilo. Você não precisa se tornar a supermulher dinâmica se você simplesmente não é assim. Não é preciso mudar o que você é. Mudar a própria essência é certamente o sinal corporal mais ineficaz, porque é sempre descoberto. Ressalte quem você é, de maneira um pouco mais nítida, incisiva e consciente. Simplesmente dê destaque ao que você já é. Com isso você atingirá o melhor efeito. Pois você tem personalidade o bastante. E você deve apenas destacá-la melhor e com mais eficácia...

Observe o seu efeito

Não importa o que você mude na sua apresentação, e quais sinais corporais sugestivos você experimente: observe de olhos bem abertos a impressão que você causa! Pode soar trivial, mas nesse ponto é cometido com bastante frequência um certo erro de principiante. Muitos que experimentam novos sinais o fazem antecipando o sucesso certo – e sequer percebem que está dando errado.

 O mais importante na linguagem corporal sugestiva não são os sinais sugestivos, mas o efeito que eles provocam.

Sendo assim, preste atenção máxima e intensiva no efeito que você causa. Um atributo de destaque das mestras na linguagem corporal sugestiva não é o fato de elas serem boas em gestos mágicos, *power moves* e em uma expressão facial hipnotizante – isso seria encenação –, mas de elas perceberem imediatamente (muitas vezes ainda antes que o outro repare conscientemente) qual é o efeito que um sinal sugestivo está provocando – e então empregarem imediatamente um outro sinal, melhor ainda, para fortalecer o efeito desejado.

Mude os seus sinais

Dessa constante alternância entre emitir sinais e observar o próprio efeito surge praticamente uma dança da linguagem corporal: você transmite um sinal ao interlocutor; ele reage; você processa essa reação e emite um novo sinal; o parceiro reage de novo – e assim por diante. Reconhecemos nesse processo que a linguagem corporal sugestiva é uma dança muda, um meio de comunicação muito harmônico, que leva a uma forte compreensão mútua, a um bom clima e a uma relação conversacional estável.

> **A linguagem corporal é uma dança muda.**

O importante nisso, por sua vez, não é transmitir sinais sugestivos, mas adaptá-los o tempo todo às diferentes condições que o parceiro assume – como em qualquer boa dança.

Bons sinais!

Mesmo aplicando apenas alguns dos estímulos que você recebeu durante a leitura deste livro ao ambiente de trabalho, você vivenciará o que as participantes de seminários e alunas sempre me relatam: chefes, colegas, funcionários e clientes a tratarão de forma bem diferente assim que você melhorar a sua presença. Você receberá *feedbacks* de reconhecimento, e às vezes também interrogativos: "O que há com você? Você ultimamente está tão...!" Você será levada a sério e receberá mais reconhecimento e respeito. Conquistará antes, mais fácil, mais rápido e em maior medida o que você deseja para si. Esse é o efeito externo.

O efeito interno de uma presença aperfeiçoada é percebido por muitas mulheres como quase ainda mais útil. Uma presença soberana em todas as situações diminui sua propensão ao estresse e à pressão, e a torna mais serena, expressiva, autoconfiante e segura de si. A postura exterior também agracia com uma postura interior mais estável. Mesmo nas maiores tempestades, permanecemos fiéis a nós próprias, centradas, vivendo com essência. Você se sentirá mais equilibrada, mais firme, mais convencida de si própria.

Isso tudo e muito mais você vivenciará no futuro quando deixar sua presença e sua linguagem corporal menos à mercê do acaso – quando for importante. É claro que no contexto privado, justamente quando não é importante, você também continuará agindo com desembaraço e relaxamento. Embora muitas mulheres digam: "Mesmo na vida privada me fez bem prestar mais atenção à minha linguagem corporal e, sobretudo, à das pessoas ao meu redor". Mas, em geral, na esfera privada você também pode tranquilamente "afrouxar as rédeas". O que é decisivo é simplesmente que, quando interessar, você ative a sua percepção da linguagem corporal, e molde conscientemente a sua presença.

Quando perseguir uma meta no trabalho: ative o seu conhecimento da linguagem corporal! Assim você a alcançará de forma mais fácil e rápida.

Nas reações dos outros você reconhecerá os seus progressos – mesmo que o outro muitas vezes não tenha consciência do que você está fazendo. E isso sequer é necessário. O principal é que os seus sinais sugestivos provoquem seu efeito.

 Não é preciso estar sempre atenta à sua linguagem corporal – mas sempre que for interessante!

E, aliás, não é importante de que maneira você adquire a sua competência na linguagem corporal. A leitura que você acaba de terminar, seguida de um pouco de treino, é tão oportuna para os autodidatas quanto participar de um seminário seria para os mais extrovertidos, ou um treinamento de *coaching* para os mais exigentes. O principal é que, de uma maneira ou de outra, você trabalhe para melhorar a sua presença. E se eu puder apoiá-la nisso, é claro que também o farei com prazer.

Índice remissivo

CULTURAL

Administração
Antropologia
Biografias
Comunicação
Dinâmicas e Jogos
Ecologia e Meio Ambiente
Educação e Pedagogia
Filosofia
História
Letras e Literatura
Obras de referência
Política
Psicologia
Saúde e Nutrição
Serviço Social e Trabalho
Sociologia

CATEQUÉTICO PASTORAL

Catequese
Geral
Crisma
Primeira Eucaristia

Pastoral
Geral
Sacramental
Familiar
Social
Ensino Religioso Escolar

TEOLÓGICO ESPIRITUAL

Biografias
Devocionários
Espiritualidade e Mística
Espiritualidade Mariana
Franciscanismo
Autoconhecimento
Liturgia
Obras de referência
Sagrada Escritura e Livros Apócrifos

Teologia
Bíblica
Histórica
Prática
Sistemática

REVISTAS

Concilium
Estudos Bíblicos
Grande Sinal
REB (Revista Eclesiástica Brasileira)
SEDOC (Serviço de Documentação)

VOZES NOBILIS

Uma linha editorial especial, com importantes autores, alto valor agregado e qualidade superior.

VOZES DE BOLSO

Obras clássicas de Ciências Humanas em formato de bolso.

PRODUTOS SAZONAIS

Folhinha do Sagrado Coração de Jesus
Calendário de Mesa do Sagrado Coração de Jesus
Agenda do Sagrado Coração de Jesus
Almanaque Santo Antônio
Agendinha
Diário Vozes
Meditações para o dia a dia
Encontro diário com Deus
Dia a dia com Deus
Guia Litúrgico

CADASTRE-SE
www.vozes.com.br

EDITORA VOZES LTDA.
Rua Frei Luís, 100 – Centro – Cep 25689-900 – Petrópolis, RJ
Tel.: (24) 2233-9000 – Fax: (24) 2231-4676 – E-mail: vendas@vozes.com.br

UNIDADES NO BRASIL: Belo Horizonte, MG – Brasília, DF – Campinas, SP – Cuiabá, MT
Curitiba, PR – Florianópolis, SC – Fortaleza, CE – Goiânia, GO – Juiz de Fora, MG
Manaus, AM – Petrópolis, RJ – Porto Alegre, RS – Recife, PE – Rio de Janeiro, RJ
Salvador, BA – São Paulo, SP